王力雄＋王柯

「ハイテク専制」国家・中国

内側からの警告

訳
王柯

藤原書店

日本の読者の皆様へ

拙著、小説『セレモニー』（金谷譲訳、藤原書店、二〇一九年）に日本の皆様から注目していただき、誠に嬉しく思います。また、王柯先生との往復書簡を通じて、日本の読者と思想の交流を続けるチャンスを再びくださった藤原書店に深く感謝します。

小さな蓄積が招く大きな変化

日本の読者の中国問題に対する関心の多くは、おそらく、これからの中国はどこへ向かうのかということでしょう。世界で最も人口が多く、核兵器を保有している国であり、地理的にも日本に近いため、中国の行方は日本に影響を及ぼさないわけにはいきません。

中国において共産党政権に挑戦できる力を持っている者が見当たらないため、人々は往々にして中国に大きな変化はないと断定します。しかし、私から見れば、大きな変化はかならずしも大きな力や大きな事件によって引き起こされるわけではありません。小さな蓄積も、同じように大きな変化を招くことができます。もしかすると事前にいささかの兆候もなかったかもしれません。三〇年前にも同じように、ソ連を研究する機関や専門家はけっして少なくありませんでしたが、ソ連の解体を予測できた人はほとんどいなかったようです。

アメリカの物理学者パー・バク（Per Bak）とカン・チェン（Kan Chen）は、ある面白い実験を行いました。かれらは砂を一粒一粒落下させ、砂の山を徐々に高く堆積させました。そしてスローモーション録画とコンピュータシミュレーションを通じて、山の頂部に砂が一粒落下するたびに、その影響でどれだけの砂が移動したかを正確に計算しました。そこで分かったことは、初期の段階では、落下した砂粒が「砂山」全体に及ぼす影響は極めて小さいものでしたが、しかし砂山が一定の高さに達すると、砂が一粒落ちただけでも砂山全体が崩壊する可能性がありました。この実験に基づいて、バクとチェンは「自己組織化臨界」（self-organized criticality）という理論を提起しました。砂山が「臨界点」に達すると、それぞれの砂粒は他の砂粒と「一体性」の状態になります。それからは、新しく落ちてくる砂粒は、微細であるにもかかわらず、一粒ごとに「力波」をもって、堆積している砂にインパクトを与えます。大きな砂山を形成しているそれぞれの砂粒が「一体性」を持ったため、新しく落ちてくる砂の衝撃はすべての砂に伝わることになります。そして、砂山の構造は、砂が落ちるにつれて次第に脆弱になり続けます。いつ、また落ちてくるどの砂粒が、砂山全体に構造的なアンバランス、すなわち崩壊をもたらすのかは、まったく予想できません。

馬蹄釘が折れて馬がつまずき、将軍が落馬して大けがをし、戦場の指揮官がいなくなって敗戦し、結局、国が滅びた、という西洋のことわざがあります。その国はもちろん馬蹄釘が刺さって滅びたというわけではありません。砂山の理論で説明するなら、その国の内部の危機はすでに超臨界状態にあり、馬蹄釘はその崩壊を引き起こした最後の砂粒にすぎません。今日の中国もこのような砂山のように、様々な変化と衝撃が絶えずに上から落ちてきています。それが蓄積された結果、遅かれ早かれその砂山は臨界状態を超えてしまいます。砂山の周りをたたいて固め続けることで砂山が高くできるように、鎮圧を通じて崩壊を遅らせることはできます。しかし、その手法の効果は無限のものではなく、最終的にははかならず崩れ、しかも高く積まれているほど崩壊は激しいものになるのです。

しかし、人類社会と砂山との間には、ひとつの違いがあります。砂山を構成する砂粒自体には能動性がなく、定数と見なすことができます。そのため、砂山の臨界状態も一定であり、崩壊はますます激しくなることはなく、砂山が臨界状態に戻ると止まります。他方で、人間は能動的であり、どの人も変数になり得ます。数え切れないほどの変数からなる人類社会では、アンバランスな状態の臨界値は人間の能動性によって常に変化します。社会の安定が保たれた状態では、人間の能動性は法律や秩序によって統合され、臨界値の向上を促進する力になります。しかし、臨界値が大きくなればなるほど、いったん崩壊すれば結果は厳しいものになります。法と秩序を失えば、人間の能動性は逆に崩壊を推進する加速剤となり、それによって崩壊の過程がますます激しくなり、結局はいっそう悲惨なものになる可能性が高いのです。

専制政権の抑圧を超えていかにつながるか

今日の中国においては、局地局所的な衝突が様々なところで起こっていますが、専制政権はハイテクの力を借りてそれを撲滅しています。局地局所的な抵抗はさまざまな土地において起こっているため、それぞれの間に時間差がありさえすれば、専制政権に鎮圧するチャンスを与えてしまいます。専制政権は現代の交通の速度を利用し、その局部地域に圧倒的な力を迅速に投入して、抵抗を鎮圧することができるのです。今日では、武器、通信、移動の機動性などの面で、政権が絶対的に優位に立っているため、局地局所的な反抗が成功する可能性はまったくありません。むしろ、専制主義体制がもっとも心配しているのは、不満を持つ人々による連帯であり、その防止に腐心しています。その理由は、この力の対比を変える唯一の方法が、多くの局地局所的な反抗を同じ時間帯に一斉に起こすことだからです。しかしこのような一斉抵抗を実現する前提は、事前の交流連絡によるつながりを作ることです。まさにそのために、中国の専制政権はこれまで民間の交流連絡によるつながりを大きなタブーとしてきました。結党・結社の不許可、民間による新聞発行の禁止、NGO活動に対する厳しい制限、宗教団体の国有化、ネット警察の設立など、多くの専制主義的措置は、その源をたどれば、かならず人民のつながりを防ぐためというところに行き着きます。

しかし、専制政権は、社会の政治的なつながりを断ち切ることはできますが、日常生活と経済生活上のつながりを断ち切ることはできません。市場経済の本質は経済的つながりを普及させることであり、そのため、ある経済全体や人々の共同生活に関わる事件は、突然、社会全体を動員する号令となって、各地各所の反抗を同じ時間に爆発させ、人々による一斉抵抗のつながりを作り出す可能性があります。情報が迅速に伝達できなかった古代には、このような人々のつながりは、誰でも直接観察し体験できる流れ星、日食、自然災害によって引き起こされました。また、政治が不安定だった時代には、このような人々のつながりは、政治家の死（例えば周恩来、胡耀邦）、デマや噂話によって形成されています。経済の一体化がますます緊密になっている今日、このような人々のつながりは金融危機、株式市場の崩壊、大規模な失業などを通じて実現する可能性が高いです。このような人々のつながりは政治弾圧では防ぐことはできません。逆に、政治弾圧が厳しくなるほど、社会はこのような方法でつながっていくしかありません。

現在、中国経済の急速な発展の周期はすでに終わりに近づき、下り坂に入っています。生産過剰を特徴とする古典的な経済危機の観点から見ても、金融危機を特徴とする現代的な経済危機の観点から見ても、輸出チェーンの中断を特徴とするグローバル化の経済危機の観点から見ても、各種の危機要素をすべて抱えており、そのような経済危機はいつでも引き起こされる可能性があります。経済危機は失業や犯罪などの社会的危機を招き、その上に抗議や動乱などの政治危機を引き起こす可能性があります。経済危機、社会危機、政治危機がそれぞれ単独で発生すれば対応できるかもしれませんが、三重の危機が重なり、同時に勃発すれば政権崩壊の時だと思います。

政権崩壊は何をもたらすか

中国共産党政権が崩壊しても「天」が崩れるわけではないし、「車が山の前まで来れば道がかならず見つかる」（「車到山前必有路」）という中国のことわざにあるように、中国の歴史上において大きな歴史的起伏は何度も起こり、政権崩壊も後を絶たず、結局歴史の歩みは決して止められなかったではないか、と言う人もいるかもしれません。しかし、これまでの中国は、たとえ他の統合要因が機能しなくなった時期であっても、少なくとも文化と自然環境によって支えられていました。

政権が崩壊しても、文化的構造が依然として維持され、伝統的な倫理、道徳や人間関係を調整する原則と価値観が依然として存在していれば、人々は法律がなく警察がいない状況でも自ら秩序を維持し、基本的な社会の安定を維持し、それによって政権、法律などを再建する時間を得られた上で、社会を再統合することができます。

中国の伝統的な文化構造は「家」をめぐって形成され、「忠」、「孝」、「仁」、「義」の四本の柱があります。「孝」はそのもっとも中心的な観念で、それを上に伸ばせば「忠」となり、横に広げれば「義」となり、下にあまねく施せば「仁」となります。四つの観念は互いに支え合い、そこから家をめぐる文化――「家の文化」――の意義、価値、倫理と道徳が派生しています。しかし中国共産党が推進している公有制は、私有制に立脚している「家の文化」と相容れません。中国共産党は権力を掌握してから、「家の文化」を「革命」の対象として破壊し続け、四本の柱の内、「忠」だけを保持して極端に推し進めましたが、他の柱は全部切り倒しました。

とはいえ、「孝」「仁」「義」という縦横の支えを欠くと、孤立した「忠」が長く安定することはできません。毛沢東がこの世を去ると、彼によってそのすべてが独占されてきた「忠」は尽くす対象を失い、それと同時に、鄧小平による改革は毛沢東崇拝の解体と同時に、経済を発展させるために「権力の分散」を行ったため、中央権力による権威がいっそう弱体化し、残されたわずかな「忠」の意識も切り倒されました。その上さらに、物質主義の氾濫と「一人っ子」政策の衝撃が加わり、文化的統合力を失った社会はついに個人単位に分裂し、人々は互いに疎外し排斥し合っています。このような状況のなかで、政府による統制が完全になくなれば、破片化してしまった社会はさらにまとまらず、人々はかならず互いに争い、害を与え合うことに走ります。

政治的統合と文化的統合を失った社会であっても、土地が広く人口が少なく、天然資源が豊富であれば、そこの人々は最悪の場合、農耕や狩猟で生存し、社会の新たな統合を待つことができます。しかし、中国の自然環境にはそのような可能性はまったくありません。この見方については、一部の人は異なる意見を持っているかもしれません。彼らは、生態環境はすでに人類によってかなり破壊されているが、にもかかわらず、依然として人類にとって十分な物質が生産され、今日の世界は物不足ではなくむしろ生産過剰であると主張しており、それゆえ、中国の生態系が中国人の生存を維持するのに足りないとは言えないと反論しています。しかし、今日の大部分の製品は、生態系の「表面」から来ているわけではありません。つまり、伝統的な農耕、放牧、採集、狩猟などの小規模な協力と簡単な労働によって得られているのではなく、生態系の「深層」に対する搾取を通じて得られています。それは大規模な社会的協力、複雑な労働、科学技術がなければあり得ないことで、そして、この三つの要素を成立させる前提は、より緊密な社会組織と管理です。

例えば、化学肥料がなければ食糧生産量は少なくとも半分減少します。化学肥料を生産する原材料――石炭、石油、天然ガス――は地下から採掘する必要があり、それには膨大な資金、複雑な組織、配分ネットワークと輸送システムなど、どれも不可欠です。政権が崩壊すれば、組織管理の機能は失われ、サプライチェーンのいずれかが中断されれば、多くの農地には使う化学肥料が入ってこなくなります。その時には、たとえ農民がみな落ち着いて生産を続けていても、現在のような「食糧過剰」はあり得ないものとなり、たちまち大飢饉になります。同様の問題は、あらゆる生産と物流チェーンごとに存在します。まして食糧不足は生産低下の悪循環をもたらし、生態系の「深層」を搾取する生産システムを徹底的に解体させます。そこでは、社会が再統合し、生態系の「深層」を搾取する能力を回復する前に、すでに多数の生命を喪失する惨禍が起こってしまいます。

危機を根源から解決するために

私はあまりにも悲観的なのかもしれません。最悪の可能性を考えることは杞憂に終わることもあり得ます。しかしそれは、「棺を見なければ涙を流さない」（最終結果を自分の目で見なければ信じないこと）より、棺を見て悔やむより、ましだと思います。前者の代価は微々たるものですが、後者の代価は耐えがたいものかもしれません。そのような意味では、悲観には独特の評価すべき価値があります。ただ悲観的な者は、たびたびあるパラドックスに遭遇します。それは、人々が悲観的予言を信じて、それを防ぐように努力すれば、悲観的な予言は空振りになり、悲観した者も杞憂だったと嘲笑されるということです。しかし、先人の知恵と生活の常識が人々に「万が一に備えて」と戒めている以上、危機が万分の一にすぎないかもしれないとしても、万分の一の力で対応するならば、一四億人の中国人のなかに一四万人のこのような憂天の杞人がいるべきであると思います。

中国が将来、ひとたび大きな危機に直面すれば、日本に波及しないとは考えにくい。どのように波及し、どのように対応すべきかを、事前に検討する必要があると思います。日本にとって、もっとも有効な自衛と危機解決の方法は、言うまでも無く、その危機の源である中国から着手することです。これは私たちの共通の希望であり、日本の読者と一緒に考えたいことでもあります。

読者の皆様に感謝します。藤原書店に感謝します。王柯先生に感謝します。

二〇二二年四月三日　ロックダウンと在宅隔離の上海にて

王力雄

「ハイテク専制」国家・中国　目次

「ハイテク専制」国家・中国

内側からの警告

本往復書簡は、原文は中国語で交わされ、日本語訳は王柯が行った。（編集部）

序

王力雄さんとの往復書簡は、中国の農暦の正月（春節）である二月一日から始まった。はじめは王力雄さんに、その大著『セレモニー』が日本でふたたび注目されたことを報告して、『セレモニー』以後の中国社会の変化を聞くことが目的だった。しかし、中国においてはいつものことかもしれないが、話をしている間にいくつかの事件が起こり、それに遭遇してわれわれの話題もますます広がった。日本のマスコミによる中国報道はけっして少なくはないが、しかし一部のジャーナリズムは力の強い側に立って報道する傾向があると強く感じられる。たとえば、先日、ある日本の新聞は、中国政府のプロパガンダを自認する数人の「学者」の長いインタビューを無批判に掲載した。中国政府によるプロパガンダが社会的な信頼を失い、無節操に中国政府の「戦狼」外交（習近平時代に入ってから中国の外交官がますます取るようになった攻撃的外交スタイルを指す）を代弁する彼らは、中国国内の学界でも嫌悪されている。にもかかわらず、日本のジャーナリズムは事実上、彼らに助け船を出している。このことについて、多くの中国知識人は憤りさえ覚えた。

一方、中国国内にいる良心的な知識人の考えが日本のジャーナリズムによって真面目に取り上げられることはむしろ珍しい。経済の視点から国と国との関係を考えることは悪くないが、しかしイデオロギー、普遍的価値、政治制度における是非や善悪を無視するような互恵的経済関係がいずれ破綻することは、今度のロシアのウクライナ侵略によって証明された。健全な国際関係を作るには健全な社会が必要であり、そのような健在な社会を作って維持していくために、ジャーナリズムは社会の膿を早い内に絞り出す責任がある。残念ながら、いまの中国には本当のジャーナリズムが存在しない。しかし、その膿の存在とそれを生み出した病原体を詳しく察知し、早い内に絞り出して健全な中国社会を作りたいと考え、そのために大きな犠牲を払っている知識人はたくさんいる。作家であり思想家である王力雄さんは、その代表的な人物である。

二月の一カ月間で起こったいくつかの出来事、特に北京冬季オリンピック、江蘇省徐州市豊県の「首に鉄の鎖で監禁された八人の子供の母親」という事件（中国語では「徐州鉄鍊女事件」)、そしてロシアによるウクライナ侵略は、私たちに中国の社会・政治と国際関係を観察する絶好の窓口を提供してくれた。そのため、王力雄さんとの対話の内容も、ハイテクを利用する専制主義体制、全国民を全天候において監視するシステム、一党独裁体制の維持を最も重要な仕事とする中国の警察、三権分立を否定した「法治」、厳しい言論統制下の「言論の自由・報道の自由」、ますます強まっているように見える反日反米の中国民族主義、「戦狼」外交とロシアによるウクライナ侵略に対する中国政府の外交政策、ウイグル人などの少数民族に対する抑圧と迫害など、様々な分野に広がった。

これらの事件については、書簡の中で詳細に紹介していないので、ここで事前に説明しておきたい。二〇二二年二月四日から二十日まで開催した北京冬季オリンピック(パラリンピックは三月四日から十三日まで開催)については、新疆におけるウイグル人に対するジェノサイドと中国における人権侵害を理由としてボイコットを呼びかける動きが、すでに昨年から始まっていた。昨年十一月二日には、女子プロテニス選手彭帥《ほうすい》が習近平指導部の最高幹部(中共政治局常務委員、第一副首相)だった張高麗氏から性的暴行の被害を受けたことをネット上で告白し、しばらく安否不明になる事件も発生した。親中国の国際オリンピック委員会のバッハ会長らは火消しに躍起になったが、国際スポーツ界は大きな衝撃を受けて、ボイコットの動きがいっそう加速した。アメリカが十二月六日に外交的ボイコットを決定したことに続き、最終的に日本以外合計一〇カ国が外交的ボイコットを決めた（日本はボイコットの名前を使わず、政府関係者を派遣しないことで実質的にボイコットした）。

世界で初めて夏のオリンピックと冬のオリンピックを同じ都市、特に首都で開催することは、いままでの二期一〇年の規定を破って三期目を目指す習近平にとって、その正当性を国民にアピールする上で非常に重要なイベントと考えられた。より多くの国の指導者に来て欲しいことに違いないが、諸外国のボイコットに対しては国内の民族主義を煽ることで乗り切ることにし、メダルの獲得に力を入れた。しかし、金メダル二個と銀メダル一個を取った谷愛凌（Eileen Feng Gu）氏は、二重国籍を認めない「中華人民共和国国籍法」によれば、実は中国の選手になる資格はなかったことが発覚した。

二〇〇八年の北京夏季オリピック開幕式には八〇カ国の指導者が出席したが、二〇二二年の北京冬季オリンピックには結局二五カ国となった。西側諸国から一人も出席しなかったなかで、「習近平国家主席の親しい友人」であるロシアのプーチンは最も重要な賓客として迎えられた。習近平とプーチンはここで三八回目の会談を行い、後に発表した共同声明では両国による「民主観、発展観、安全観、秩序観」に関する共通の立場を確認し、ロシアからの一一七五億ドルの原油と天然ガス購入の契約を結んだ。しかし、二月二十日に北京冬季オリンピックが終了すると、二十一日にプーチンはウクライナ東部の独立派の反政府勢力が掌握する「ドネツク人民共和国」と「ルガンスク人民共和国」の独立を承認し、ウクライナに対する軍事侵略の口火を切った。今日に至っても、中国政府はロシアのウクライナ侵攻を正当化し続けて「侵略」と呼ぶことを拒み、国内においてはロシア批判の声に対して厳しい言論統制を実施している。そのため国際社会は、北京冬季オリンピックの際に「二つの専制主義国家」が手を組んだと見るようになった。

世界一の国民監視システムが整備されているにもかかわらず、ある調査によれば、二〇二〇年の中国の失踪人口は一〇〇万人にも上り、毎年二〇万人以上の児童が誘拐され、多くの女性が人身売買の犠牲者になっている。二〇二二年一月二十八日には江蘇省徐州市豊県で、誘拐されてきてレイプされ、首を鉄の鎖でつながれて、ドアもない寒い小屋に監禁されて八人の子供を産ませ続けられた女性が、外地から訪れた人によって偶然発見された。しかしこの事件が大きな反響を呼んだのは、女性の運命に対する関心というよりも、中国の各級官僚が利益集団化し、人々の想像をはるかに超えて腐敗していることこそが最も大きな衝撃だった。女性は二五年間もこのような境遇に置かれ、半ば周知の事実であったにもかかわらず、現地の政府や警察はこれを黙認していた。事件が暴露されてからも真面目に調査をせず、逆に真相を追及する人権運動家に対し、本稿を執筆している今日でも、圧力をかけたり拘束したりしている。

本書では、この三つの事件以外にも現実に起こっていることを数多く提起した。どのような社会にも抱えている病いがあるが、現代中国社会の膿はけっして数回の往復書簡で書き尽くせるものではない。二〇二二年二月の出来事を糸口に思いつくままに語り合った本書が、中国社会において膿を生み出し続ける病原体の正体を理解する上での一助になることを望む。

二〇二二年三月十日

王柯

王力雄『セレモニー』あらすじ

中国ではハイテクを利用した全体主義的支配が進んでいる。

全国で生産されたすべての靴には秘密裏にチップが取り付けられ、「靴のインターネット」を形成し、国家安全部門はこれを通じてすべての人の動向を監視している。中国共産党創立百年のセレモニーを前にして、国を挙げて社会の安定をはかるという態勢が取られ始めた。これを好機と見て、手柄を立てて褒賞を得ようとした国家安全部門の官僚たちは、「伝染病が発生した」との虚偽の情報を生み出す。任期満了後も再選されることを狙っている中国共産党主席は、記念セレモニーの失敗を懸念し、感染拡大防止を口実に、人々の隔離を全国各地で展開する。しかし厳しい手段による防疫と社会隔離は、全面的な経済危機をもたらし、社会は激しく動揺しはじめる。

その後、世界保健機関（ＷＨＯ）の専門家チームが中国で実地調査を行い、実は疫病は発生していないということがはじめて確認される。人々が大きな危害を

加えられて激しく憤怒し、社会が大きく動揺している局面に直面して、主席は防疫活動の責任者たちをスケープゴートにすることを考える。しかし、犠牲になることに甘んじない数人の幹部が手を組み、本来は全体主義のために作られた「靴のインターネット」を利用して、蜂に偽装されたマイクロ無人機によって、全体主義体制の頂点にいる最高権力者の中国共産党主席を毒殺する。それを受けて、首都北京ではクーデターが発生し、この政治ゲームに巻き込まれた面々が権力の空白で生じたポストをめぐって争い始める。

それまで裏で政治を操っていたある野心家が、ここではじめて表舞台に登場し、権力闘争のために中国共産党創設百年記念大会で中国の民主化を宣言するが、実際の権力はすべて己の手に掌握する。中国各地ではポピュリズムが勃発して、各地域が独立し、民族間の対立が激化、国は日増しに解体されていく……。

1 作家・王力雄と『セレモニー』

Photo: dpa picture alliance / Alamy Stock Photo

『セレモニー』と現実が重なった　王柯　2022.2.1

『セレモニー』が突然ベストセラーに

力雄大兄へ

今日は旧暦の正月、明けましておめでとうございます。奥様にもよろしくお伝えください。

思えば、いままで力雄学兄と直接お目にかかったこともないのに、なんとなく文通だけでも心が通じると感じています。専制主義体制下の中国では外国への個人旅行も自由には行けませんが、いずれ力雄学兄と痛快に飲みながらお話をする時機が来ることを心待ちにしています。

今回はお伝えしたいことがあり、突然ですが力雄学兄に連絡しました。先週末、力雄学兄の大著『セレモニー』がインターネット書店アマゾンのベストセラーに浮上しました。最初にアマゾンにおける順位が上昇したことに気づいたのはある友人で、当時はまだ「中国の地理・地域研究」で九位でしたが早速教えてくれました。しかしわずか数時間後、再びチェックすると、もう一位まで上がっていました。出版から数年を経て再びベストセラーになることは珍しいことです。もちろん、文章の美しさ、作品構造の合理性、内容の面白さ、思想の深さなど、作品自体に大きな魅力を感じられたことは大きい(この点については後述します)ですが、もう一つの重要な原因は中国政府(中共政権)の助けであると言わざるを得ません(笑)。

「現状を予見したかのような恐るべき小説」

最近、中国政府の言動が世界各国で人々の大きな関心を引き起こしました。これまで、経済問題を最も重視していた日本の経済界も、中国とどのように付き合うべきかと考えざるを得なくなりました。そのような空気がますます強くなってきたなかで、先週の金曜日(一月二十九日)に、『日本経済新聞』の「春秋」欄(第一面に掲載されるエッセイ風時評で、百年以上の歴史があります)は、全篇で大著『セレモニー』を取り上げて紹介しました。この大著が日本において出版された当時も多数のメディアが書評を掲載しましたが、今回の「春秋」はその内容を中国の現実と結びつけて分析、紹介したことが非常に特徴的で、「この現状を予見したかのような恐るべき小説だ」とまで高く評価しています。

いまでは誰も疑わないことですが、かつて『セレモニー』で述べられたように、インターネット、ITの分野におけるグリッド化、ビッグデータ、SID（セキュリティ識別子）などの技術は、社会の隅々まで浸透した監視システムと結合し、弾圧の手段になっています。さらに、ウイルスの大流行、新疆ウイグル人に対する弾圧などこの小説で書かれたフィクションは、今日ではほとんど血塗られた社会的現実と化しているように見えます。これはまさに多くの読者が驚嘆したところで、私も同じです。

中国社会の現実との絶妙な距離感

正直に言いますと、人文社会科学が専門である私は、SF小説についてあまり関心を持っていませんでした。そのため、友人を通じて紹介されたときにも、大きな興味を示しませんでした。しかし、出版前の『セレモニー』（中国語の題名は『大典』）の原稿に初めて触れた時、まさに奇書だと驚きました。まず、内容的には、今日の中国社会の現実との絶妙な距離感に魅せられました。そこで展開されている専制主義体制下に暮らす人間と人間、人間と組織、組織と体制、体制と科学技術との様々な関係は、私たちの想像をはるかに超える一方、今日明日にも自分の身の回りに発生するのではないかと恐ろしくなりました。

専制主義体制とITの功罪

そして、IT（Information Technology、情報技術）を中心とする現代的科学技術の功罪を、迫真のストーリーで専制主義体制と結びつけてみるという思想と手法に感動を覚えました。私は自分の専門分野にあまりにも偏りすぎていて、ある問題を分析する際、いつも単線的で、直線的な思考のモードに陥りやすいうえ、同時代に発生した社会現象と結びつけてその本質と発生理由等を考える習慣がなく、まして科学技術の進歩を社会思想の変化と結びつけて分析する実力もありませんでした。しかし力雄さんは『セレモニー』の中で、様々な社会的および科学技術的要素を結びつけただけではなく、官僚と官僚、官僚と経営者、中央政府と地方政府、国有企業と民間企業、都市と農村、そして夫婦関係など、複雑な社会ネットワークを構築し、その関係性を通じて、様々な要素と関係が中国の社会とその未来にいかなる影響を及ぼしているのかを描きました。

ITと、中国そして世界の未来

『セレモニー』が日本で出版された当時、おそらく多くの読者は、本当にこれから中国がいっそう専制主義体制に戻るのかどうか半信半疑であったと思います。しかし『セレモニー』はフィクションにもかかわらず、物語で描かれた中国社会の歩む道筋は、驚くほど現実と重なりました！　力雄学兄のこの予知能力は、私にとっても非常に不思議なものでした。『セレモニー』の後記のなかで、力雄学兄が自分の執筆動機について詳しく語っていますが、しかしやはり知りたいのは、なぜいち早く科学技術、特にインターネット技術の発展が中国、世界の未来に大きな影響を及ぼすことになると気づいたかということです。お忙しいなか申し訳ございませんが、この愚問について、ご教示をお願いできますでしょうか。

寒さが続いている一方、コロナウイルスはまた猛威を振るっています。くれぐれもお体にお気をつけください。

二〇二二年二月一日

王柯

専制主義とテクノロジーの最悪の結合

王力雄　2022.2.2

ITの影響の可能性は予測困難

王柯学兄へ

まず家族の皆様に春節をお祝いし、新年の吉祥と安康をお祈りします。最近いろいろなことで連絡を取り合っていますが、私も王柯学兄と会う日を楽しみにしています。

『日本経済新聞』の「春秋」で『セレモニー』を取り上げていただき感謝しています。読者の皆様に喜んでもらって何よりです。

お手紙の中の質問に対して、私は必ずしも明確な答えがあるわけではありません。人の思考の構造は、何らかの方法で育成したり、特定の目標に従って追求したりして得られたものではなく、知らず知らずのうちに様々な要素が化学反応のように相互作用し、結果を予知することが難しいものだからです。ある要素は、最初は非常に小さいものにしか見えませんでしたが、後になって、はさみの刃の初期角のように、実に大きなプロセスにおける重要な分岐点であり、異なる道を切り開く出発点だったことが初めてわかってきます。『走れ、ローラ』（ドイツ語 “Lola Rennt”）というドイツの映画があります。赤毛の女の子ローラがボーイフレンドを救うために、二〇分以内に走ってお金を探しに行くという話で、その二〇分のシーンが映画の中で三回繰り返されます。毎回、起点は同じですが、途中の個別の小さな要素が異なっていて、たとえば車に間に合わなかったり、誰かにぶつかったりして、その後の一連の行き違いをもたらして、そのためにボーイフレンドが迎える結末も全然違って、まったく逆になる場合もあります。

宇宙に憧れた子供時代

しかし、あらゆることが偶然の連鎖だというわけではありません。例えば、私は子供の頃から科学に強い憧れを持っていました。最初の夢は、将来天文学者になり、宇宙へ行って、地球以外の星を探索することでした。その頃の中国ではまだ比較的正常な教育システムが維持されており、私は多くのＳＦや、科学に関する読み物に触れることができました。子供の読み物とはいえ、科学への憧れの種を蒔かれました。

文化大革命で夢を砕か

しかし文化大革命によってその夢は砕かれ、人生の計画も狂いました。私

れ、農村労働へ

は中学にも行けず、農村に送られて田んぼで働き、日々を送りました。一九七三年になって、中国は文化大革命で停止された大学教育を復活し、労働者・農民と軍人から学生を集めることにしました。私の両親は文革で「黒帮《こくほう》」（敵対階級に属する人々）とされていましたが、当時の政策では、両親のせいで「出身」が悪いとされた人にも大学入学の割り当てが少し与えられていました。

自動車メーカーで「工学」を身につける

私はそのときに、「教育を受けたらアイデンティティーが変わりうる人」として大学に入れられました。そのとき私は、文系で学びたいと思っていました。農村に送られ、「科学」との距離があまりにも大きくなったため、政治、歴史、文学に興味を移していたのです。しかし当時は、個人的な選択はまったく許されない時代でした。また、私は「教育」されるべき人として入学を許された者で、文革の時に政治的迫害を受けて自殺した父が、もともと長春（吉林省）にあった中国で最初の自動車メーカー「第一自動車製造」の副社長（第一汽車製造廠[*]副廠長）だったため、吉林工業大学の自動車学科に割り当てられ、工業製造学科に入学しました。しかし当時の大学教育は様々な政治的影響を強く受けており、教育の実態は実に薄っぺらなもので、多くの時間は

＊中国で最も歴史の長い自動車メーカー、一九五三年に旧ソ連の支援の下で建設され、かつて「紅旗」という高級乗用車も生産。

工場で働くことに費やされました。しかし、そこで工学に関する基礎訓練を受け、工学的な思考形態を身に着けたことも事実です。

ダーウィン『種の起源』から得た光明

私が大学図書館で借りた最初の本はダーウィンの『種の起源』でした。当時、大学図書館の書籍の大部分は封鎖されており、開放されたものは非常にわずかでした。『種の起源』を読んでいるうちに、突然、その時代の暗い荒野に知恵の光が射し込まれたように感じました。私はその後、世界中の様々な科学の進展の情報にむさぼるように熱中し、入手できるものを全部読みました。当時、鎖国中の中国で見ることができたのはごくわずかなものだけで、本当に科学技術を掌握するにはあまり役に立ちませんでしたが、科学的な見解を形成し、世界に対する見方を再構築するのに相当な影響を与えてくれました。このときに一生役に立つ啓蒙を得たと言えます。

早くからコンピュータに馴染む

大学を離れた後、父が副社長を務めていた長春の「第一自動車製造」に配属され、ここで大型製造業について理解を深める最初のチャンスを得ました。その後、湖北省にある「第二自動車製造」に転勤させられ、コンピュータによる生産の自動化管理を開発する仕事をしました。当時の中国では、コンピュータによる生産の自動化管理は基本的に空白の状態で、第二自動車製造はそれを始めた最初の企業でしたが、まだ研究を始めたばかりの段階でした。第二自動車製造のコンピュータセンターもかなり遅れていて、入力方式はカードと紙テープでした。いま考えれば、いくつかの大きな部屋に詰め込まれていた機械は、現在のチップ一枚にも及ばないものでした。しかし私にとってこれは本当に得がたい機会で、中国全土においてコンピュータがごく少数だった時に、私はいち早くそれに接することができました。その仕事を続けることはありませんでしたが、大きな啓蒙を得られて、私はこの時から情報技術の角度からも様々な問題を思考する習慣ができました。

社会に対する関心と工学・ITとの結合

私の成長期は、中国には単純に専門性や技術を磨く環境がなく、国と人民全体が毛沢東の政治運動に巻き込まれていました。私の社会に対する関心もこの文化大革命の渦巻きのなかで形成されて、いつも考えているのは政治と社会の問題で、このままでは中国がどこへ行くのか、世界の未来はどこまで発展していくのかといったことばかりでした。このような関心は大学で得た工学系の訓練、およびその後触れたＩＴ技術と結合し、マクロ的に社会問題を見る混合的思考パターンが知らず知らずのうちに形成されました。純粋な理工系の研究者、ＩＴ技術者と異なり、純粋な文系の知識人または学者とも違います。

文革により、期せずして多様な視点を得る

問題を考える際の単一ではない視点、これはある程度、文革の賜物と言えます。文革がなければ、私はきっと何らかの専門分野に入ることになったかもしれません。いわゆる近代教育の特徴は専門化であり、専門化してからこそ社会の需要に応えられる深さに達することができ、職業を全うするには、専門家でなければなりません。しかし、専門的になると、他の分野に関心を注ぐことはできなくなる、少なくとも同時に重視することはできず、それらを結びつけて考えることができなくなります。文革は専門化を破りましたが、しかし残念ながら、その渦巻きの中で大学教育を再開させたのも政治のためでした。

文革という特殊な時空間

ＩＴの分野もそうです。限りなく研鑽し、掘り下げてこそ、その分野において結実を得ることができます。しかし私がこの分野に足を踏み入れたときは、文革以後の科学技術研究が完全に空白だった時期、いわゆるゼロ期でし

た。中国のＩＴはここから始まったため、当初は具体的な技術についての研究ではなく、ＩＴを導入して何ができるのか、その影響で世界がどのように動くのかというところに人々の関心が集まりました。それが私に、ＩＴを社会や政治のマクロな需要とどのように結びつけるべきかを想像する十分な時間と空間を与えてくれました。このような奇妙な組み合わせは、文革のような特殊な環境の下でしか形成されないものでした。無論、それは非常に特殊な時代、人類史上に類を見ない時代で、多くの中国人の心に大きな傷跡が残され、人生を無駄にさせた時代でした。しかし私のような特別な専門領域に立脚したくない者にとっては、文系と理工系の知識を組み合わせて社会を観察するという思考パターンを生み出させた特殊な時代でもありました。その発想の元には、現実の社会を変えるという理想があり、技術がいかに社会に影響するのかを敏感に捉えなければならないという意識もありました。

ＩＴ技術の進展に注目し続ける

私は後に企業を離れて、映画制作と小説家に転身しました。しかし、まもなくパソコンの時代が始まり、私は最も早くパソコンに接触して使った中国人だと思います。最初期のＸ86から286、386、486、586、

Pentium、Macなど、ハードウェアのアップグレードの全過程、DOSからWindowsの最初期バージョンからWindows 11までのソフトウェアのアップグレードの全過程を経験しています。パソコン技術の進歩につれて、私もIT技術の進展に注目し続けてきました。

文化人の中では、私はIT能力を身につけた部類に属する一人とも言えます。一九九六年に友人との間にLANを設置しようと試み、一九九七年にはインターネットに接続しましたが、まもなく自分が作ったサイト「漸進民主」が当時の中国民主派の内部交流のBBSとなり、当局によって強制閉鎖されるまで続きました。その後、数年かけてインターネット上で自己組織を実現する構想を完成し、米国で特許も得ました。ここ数年、IT技術に粘り強く取り組んできた理由は、コンピュータとインターネットが社会の発展に決定的な影響を及ぼすに違いないことに気づき、民主主義体制の実現と社会組織の改善発展がIT技術と切り離せない、IT技術を基礎としなければならないと固く信じているからです。

「漸進民主」が中国民主派の交流の場に

IT技術のマイナス面

しかしここ数年、この考え方に少し変化がありました。私は昔、IT技術のプラスの面ばかり考え、コンピュータを専制主義体制を覆す利器と見なしていました。インターネットが更に民主意識を普及させ、情報の封鎖を破って、言論の自由を促進すれば、専制体制はそのような社会の進歩に抵抗することができなくなると考えていたのです。まさにクリントン米大統領が当時言ったように、中国共産党がインターネットをコントロールするのは、ゼリーを壁に釘付けにするように不可能なことだと思っていました。しかし、その後の発展によって、むしろ専制主義体制のＩＴ技術を利用する力が、民主主義側をはるかに上回っていることが証明されました。これは今日、世界的に専制主義が再び盛り返し、民主主義思想が退潮した重要な原因でもあると考えられます。

ＩＴに必要な資源を掌握する専制体制

ＩＴ技術には大量の資源に基づく支援が必要であり、専制主義体制が最も多くの資源を握っています。民主主義勢力のＩＴ技術はパソコンと携帯電話のインターネットにとどまり、技術力の発展もなく、組織も形成できていません。人数こそ膨大ですが、表面にとどまり、無秩序な原子運動としてしか機能していません。しかし個人単位のＩＴを組織するリソースと方法がなければ、専制権力が掌握するＩＴ技術のライバルになれません。これは今のＩＴ時代の主な特徴であり、私が『セレモニー』を書いたときに直面しなければならなかった社会的現実でもあります。私が『セレモニー』を書いたのは、このような現実を明らかにし、まさに未来に対するさらなる思考を引き起こすためでありました。

ＩＴ技術と社会、ＩＴ技術と政治体制、さらにＩＴ技術と人類社会の未来について、お話をしたいことがまだまだたくさんありますが、とりあえず、今日はこの辺で失礼します。

日本においてもオミクロン株の感染拡大がなかなか止まらないと聞いています。王柯学兄とご家族の皆さまも、くれぐれもお気を付けください。

二〇二二年二月二日

王力雄

2 「ハイテク専制」

――デジタル全体主義の実像

「ハイテク専制」は従来の専制と何が違うのか　王柯　2022.2.3

力雄学兄へ

お正月のところ、丁寧なご返事をいただき、誠にありがとうございました。力雄学兄の経歴と深い思想を通じて、なぜ後世にも残る数多くの著作を上梓されてきたのか深く納得しました。実は私も十五歳のときに新疆の都市部からウイグル農村に送られて、四年間ウイグル人と一緒に農作業をしました。そのためでもあるかもしれませんが、ウイグル人の善良さを知ったわたしは最終的にウイグル研究の道に進みました。力雄学兄の『私の西域、君の東トルキスタン』など、ウイグル問題に関する著作も、私はいち早く読ませていただきました。

中国の人権状況に対する、日本の国会決議

おそらくすでにお聞きになったかと思いますが、一昨日（二月一日）、つまり旧暦のお正月に、日本の国会（衆議院）は二〇二二年度第二〇八回国会の第一号決議案「新疆ウイグル等における深刻な人権状況に対する決議案」を

採択しました。決議は「国際社会から、新疆ウイグル、チベット、南モンゴル、香港等における、信教の自由への侵害や、強制収監をはじめとする深刻な人権状況への懸念が示されている」と指摘し、「深刻な人権状況について、国際社会が納得するような形で説明責任を果たすよう」と「強く求め」ました。

しかし多くの日本国民はこの決議の内容に対して完全に満足しているわけではありません。実は今回採択された決議案は最初の文案から大分修正され、最終的に「中国」という文字すら入れられませんでした。その目的は、過度に中国政府を刺激しないということでしたが、このような修正を強く主張したのは、自民党（国会四六五議席のうち二六三議席）と連立政権を組んだ公明党（同三二議席）であると聞きました。当然、自民党のなかにも修正に賛成する議員がいました。しかしこのような修正が一部の議員からの強い反発を受けたのも事実であり、衆議院に三議席しかなかった「れいわ新選組」が賛成票を投じませんでした。そのため全会一致の賛成という目標は結局達成できませんでした。

中国政府に忖度し、「中国」の文字は避ける

北京冬季五輪直前のインパクト

しかし自民党と公明党以外の他の政党は比較的長い目で決議の意義を考え、全員賛成票を投じました。決議の内容だけではなく、さらにこの時期において採決という行動を起こした意義を強調したのです。北京における冬のオリンピック大会開会のまさに直前においての採択は、北京当局に与えるインパクトがいっそう大きいと考えられました。また、採決日は旧暦のお正月にあたり、あえてお正月の時期を開会日に選んで「万国来朝」の盛況を中国と世界にアピールしようと考えている中国政府に対する、その深刻な人権侵害を国際社会は決して忘れていないという強いメッセージでした。

「人権」は内政問題ではなく、国際社会の正当な関心事

私から見れば、今回の決議にはさらに評価できる点があります。その一つは、「人権問題は、人権が普遍的価値を有し、国際社会の正当な関心事項であることから、一国の内政問題にとどまるものではない」という明白な主張をしたことです。これは、人権侵害に対する国際社会の批判は内政干渉である、という中国政府の一貫した主張を明確に否定しました。さらにもう一点は、「深刻な人権状況に象徴される力による現状の変更」は「国際社会に対する脅威」であるという明確なメッセージを発したことです。経済力が上がっ

たことを背景に、国際社会の既存のルールを平気で破り、近代になって確立されてきた普遍的価値を踏みにじる、それがまさに様々なマスコミによって報道された今の中国政府・中共政権の姿です。そのため、決議案には「中国」という文字がなくても、日本国民の誰もが中国政府の人権侵害を非難しているものだとわかります。

しかしやはり考えなければならないのは、決議に「中国」または「中国政府」という語さえ入れなかったことです。このことから、日本の社会または政界において、中国政府を怒らせたくない人、または中共政権はそこまで悪くなっていないのではないかと考える人が存在すると感じられます。

『セレモニー』は単なる虚構の将来像か？

仮説に過ぎませんが、おそらく彼らは『セレモニー』を読んでいないのではないか。もし彼らにも『セレモニー』を読んでもらえば、それでもそのような考え方を持ち続けることができるでしょうか。しかしここでもう一つの懸念もあります。それは『セレモニー』がSF小説風に書かれたため、そのなかで書かれていることは文学的に誇張した虚構の将来像にすぎないと受け止められ、それゆえ中国社会における人権侵害の現状はまだそこまで酷くないと思う人もいるのではないかということです。

このように考えている方は、日本社会においておそらく少数ではないと思います。中国において人権が侵害されている事実は皆知っていますが、しかしいったいどこまで悪化しているのか、この問題について、多くの日本国民は強い関心を持っています。皆さんが頼っているのは日本のマスコミ報道ですが、中国においては外国のマスコミによる取材も厳しく制限されている現状では、日本のマスコミがキャッチできる情報も中国の社会的現実の一部にすぎないように感じられます。特に、中国政府がいかにハイテクを国民*の権利の侵害、人権侵害に利用しているのか、これに関する日本のマスコミ報道は全くありませんでした。

『セレモニー』には、専制主義体制の政権がハイテクを利用して国民の権利を侵害していることが書かれています。『セレモニー』が出版されてから、日本社会は初めてハイテクを専制主義体制と結びつけて見るようになったと言っても決して過言ではありません。しかしおそらく、SF小説で書かれたようなことは、現実の社会においてはあり得ないと、なお多くの人が考えて

海外マスコミには見えない、ハイテクによる人権侵害

＊いまの中国は中国共産党による一党独裁を主張する専制主義体制国家であり、国家主権が民衆の手にある近代国家でないので、私は中国には近代社会的意味での「国民」nationが存在しないと考える。本書では、叙述の便宜上、中国の「国民」という表現も使うが、それは中国国籍を持ち、税金を払っている人々という意味にすぎない。（王柯）

います。疑いなく、中国社会は『セレモニー』が予見した道を本格的に歩みました。しかしこのようなハイテクを駆使する専制主義体制は、従来の専制主義体制とどう違うのでしょうか。中国における人権状況の悪化に対して、ハイテクは具体的にどのように運用されているのでしょうか。お時間があるときに、教えていただきたいと思っています。よろしくお願いいたします。

二〇二二年二月三日

王柯

ハイテク専制は時空間の限界を超えた

王力雄　2022.2.4

「ハイテク専制」「デジタル全体主義」の表面化

王柯学兄へ

こんにちは。日本には農歴のお正月はないとのこと、王柯学兄は日本でどのように中国の農歴のお正月をお過ごしですか。

あらゆる専制主義体制は、本質は同じであり、それを区別するのは手段だけで、弾圧の厳しさと策略の選択において違いがありますが、もちろん権力者の個性も関係します。私は『セレモニー』で「ハイテク専制」を描いていますが、つまり専制主義体制が現代の科学技術という手段を利用して支配し、人工知能、ビッグデータ、「電子眼」（監視カメラ）、アルゴリズム、モノのインターネット（Internet of Things、IoT）などをすべて支配のツールとしているのです。『セレモニー』が予見したと皆さんに見なされていますが、実は小説を執筆する際に、すでにそのような傾向は現れていました。ただ、今日のように全面的に展開されてはいませんでした。まさに『セレモニー』の出版前後が、「ハイテク専制」や「デジタル全体主義」が楽屋裏から表舞台に上がってきた時でした。

ハイテク専制は、人力による専制と全く異なる

あちこちにある電子眼、一人一人の電話通話やメールが勝手に盗聴される……。国民全員が携帯電話を持つ時代に入るにつれて、携帯電話は権力が人々を監視する端末へと変貌し、昼夜を問わずに人々の言動が監視され、それで集められたビッグデータは、アルゴリズムを使って自動化分析が行われ、政権に対して不満を持つ者を炙り出す。かつての人力に基づく専制主義体制に比べて、現在のハイテク専制は完全に姿を変えました。伝統的な専制主義政治も残酷ですが、人が人を監視する手法しかなかったので、その力は限られたものでした。たとえ専制主義体制が数多くの鎮圧の道具を作り、多くの手段と資源を用意したとしても、それらの手段と資源はすべて人によって使用されなければなりません。しかし人間の数は無限ではありませんので、そのうちに必ず限界が感じられます。

つまり、どの社会においても権力の手先は、労働者と生産者よりも多い、あるいは人民よりも多いはずがないということです。統治者のために存在す

る官吏や軍人や警察の数は、いくら膨大であっても相対的に言えば少数派です。そのため、必ず彼らの目の届かない隙間があり、反抗する力が生まれ、それによって専制主義体制の力が制限されます。まさに東ドイツのシュタージ＊が、ますます多くの東ドイツ人を密告者にさせたことで、かえって自分が麻痺してしまったように、数多くの密告者によって報告された大量の情報を処理しきれず、情報の真偽を識別することさえ難しくなり、それが役に立つかどうかも判断できず、まして各情報の関係性と内在的なつながりを見いだすことなどできなくなりました。そのため、密告者による監視ネットワークは効力を失ったのであり、人力に基づく専制主義体制の力にはどうしても限界があります。

＊Stasi. 旧東ドイツの秘密警察・諜報機関を統括する省庁。正式名称は国家保安省（Ministerium für Staatssicherheit）。

携帯電話の全面的な普及と、無数の監視カメラ

しかし、今日のようなコンピュータ、インターネット、ビッグデータ、人工知能の時代になると、かつての専制主義体制を縛っていた人数の制限が容易く突破されました。中国の携帯電話普及率は二〇二〇年には一〇〇人当たり一一三・九台に達し、当局が望めば、携帯電話はいつでも電子密告者になり、携帯電話の持ち主の情報を即時に一瞬も欠かさず収集することができま

す。中国の公共監視カメラの数は、一部のメディアの報道によるとすでに五—六億台に達しており、また、家族が自ら家の中に設置した監視カメラでも簡単に侵入され、寝室における行動を覗く目にされているとさえ言われます。これほど多くの電子機器が昼夜問わず情報を集め続けているため、その情報を処理することは疑いなく人力では到底できないことです。

ハイテクにより「少を以て多を治める」

しかし、今日の専制主義体制は無限にコンピュータの数を増やし、また性能の高いものに変え、ますます強力な人工知能を発展させることができます。それらは高速で動いて、永遠に疲れることなく、睡眠も食事も必要とせずに昼夜を問わず処理と分析を続け、丹念に設計されたアルゴリズムを使って複数の情報の相互関係を上手に整理し、その深層に隠されている専制主義体制にとって肝心な情報まで遡り、剥き出しにすることができます。今日のハイテクによって、かつての専制主義体制は千年の死の穴（どうしても乗り越えられない峠）を克服することができ、少を以て多を治めることができます。歴史上にあった宮廷政変（クーデター）、地方割拠、社会革命、民衆暴動など専制権力を転覆させたような動きは、すべて萌芽期または萌芽する前に発見され、潰されることになります。

イングランドのことわざで、「釘が折れたので蹄鉄が打てない、蹄鉄が打てないので馬が走れない、馬が走れないので騎士が乗れない、騎士が乗れないので戦いが出来ない、戦いが出来ないので国が滅びた」というように、すべては蹄鉄の釘が折れたせいで始まったかのような連鎖反応は、人間の力で支配を維持するような専制政治のもとでは遅かれ早かれかならず発生することになります。権力者がすべての蹄鉄を一々監視することはできないためです。しかし、ユビキタス・ネットワークの時代に入ると、蹄鉄もすべて監視下に入り、折れる前に、金属疲労が発生すれば、微細な亀裂が入れば、すぐ警察に通報されて交換されます。ハイテク専制体制の人間に対する監視は、モノに入れられたチップを通じてモノを監視するようになりました。専制主義体制によるハイテクの利用がこのレベルに達すると、蹄鉄が折れたことが最終的に政権の転覆を招くような状況はおそらく生じないでしょう。

ユビキタス・ネットワークの時代

新型コロナがもたらした国民監視の大義名分

現在、世界最先端のハイテク専制主義体制を支える技術はほかでもない中国にあります。中国政府は当初、インターネットがもたらした思想の自由、情報の流通、社会勢力の集結に手をこまねいており、中国の民主派もこれによって専制体制を終結させ、民主主義を実現させる武器を手に入れたと考えていました。しかし、その見通しは現実にならず、インターネットは結局専制権力の道具になり、専制主義体制をより強固にする方向に進みました。以前は監視システムを全国民に広げるかどうか、それに対する国民の反発を考えると、当局はなかなか決心できませんでした。しかし、今回の新型コロナウイルスの大流行が当局に大義名分を与え、国民に「健康コード」を強要し、それが実際は一人一人の身につける電子警察と監視の目と耳になりました。ごく少人数でも多数である国民をすべて網羅して監視できるような監視システムが、今回のコロナ禍を通じて完成し、その網の目にかからない人は現在一人もいません。

以前はあからさまだった監視

私の身辺にも奇妙な変化が起こりました。妻はチベット人作家で、私たち夫婦は当局から体制批判者と見なされて長年監視されてきました。しかしこ数年、逆に監視の強度が軽減されているようにさえ感じました。以前は、私たちに対する監視は人手に頼っていました。当局が考えているような「デリケートな時期」、例えば、毎年の六月四日（天安門事件の日）前後や、チベット蜂起記念日、あるいは北京で何かの会議が開かれたり、外国の要人が北京を訪れたりすると、警察が必ず私たちの家の前に来て見張りに立ち、私たちの外出を禁止したり、お客さんの来訪を禁止したりしました。その際、法律上の手続きもなく、私たちの抗議を無視したりしていました。私たちは一年のうち二ヶ月以上軟禁されたこともあります。

ハイテクにより巧妙化する監視システム

このようなはばかることなく行われた野蛮な人権侵害は、ここ数年かなり減り、警察もあまり来なくなりました。しかしこれが監視を緩め、私たちの境遇を改善してくれたのだとは思いません。ただ、野蛮な力で人を抑えるかつてのやり方がハイテクの手段に取って代わられたにすぎませんでした。携帯電話の追跡、電子眼の監視、そして私たちのコンピュータに植え込まれた「木馬」、甚だしきに至っては家にもこっそりしかけられたかもしれない盗聴器とカメラ……。これらを通じて、私たちの毎日の行動、連絡、話したこと、すべての消費、何番の車両に乗り、どの駅で降りたかなど、すべての行動が間違いなく、彼らの監視システムに細かく映されています。そのため、人を派遣して直接監視する必要がもうなくなりました。以前のような三交代の二十四時間監視体制であれば、いつもいる二人の警察官には飲み物や食べ物を運ばなければなりませんでした。ハイテクでこれらのコストが削減され、私たちは表面上以前より自由になりましたが、実際にはさらに厳しく監視されるようになりました。

口の形から、会話の内容を判別

監視技術は中国で飛躍的に進んでいます。今日、ある場所に行って聞いた話ですが、中国の人工知能技術はすでに、大規模な集会に集まったすべての人について、遠距離からでもその一人一人の口の形を通じて何を話したかすぐに文字で再現できるまで発展しました。これは本当に人をぞっとさせる話です。いつか、このような人工知能が全能の支配システムにまで発展するのではないかとも連想させられます。監視はただ専制権力にとって危険であることを発見するだけですが、そのうちに人を捕まえるロボット、顔認証を通じて人を攻撃し殺害するドローンなど、危険を除去する機能も付いた人工知能システムもまもなく誕生するのではないかと思います。

人工知能を活用したプロパガンダ

また、世論の操作に使う人工知能システムはすでに存在しており、原稿を自動的に作成し、誘導する対象を区別してそれぞれ受け入れられるような偽世論を作って誘導しています。このような機能を持つロボットはプロパガンダに大量投入され、鎮圧の対象にされた人の印象を悪化させ、多数の国民がその鎮圧は合理的だと考えているという虚像を捏造しています。

たった一人で人間社会の支配が可能に

すべての行動は、人工知能による手法の分析、実行可能性の評価、模擬テストを通じて、統一的に計画され、協力しあって実行されます。このような完全なシステムがあれば、最高権力者が目標を設定するだけで、その他はすべて人工知能によって自動的に達成することができます。社会を全面的に規制するだけでなく、専制主義体制内部の人間も厳しく監視されます。そして、ロボットでできた警察と軍隊は絶対に裏切りをせず、永遠に忠誠心を持ち、銃弾にも倒れることがなく、たゆまず臨戦態勢を保ち、戦闘力は人間とは比べものにならないほど強いので、それに抵抗できる人は存在しません。独裁者がこのような人工知能システムを持てば、限られた人間の力で、民衆支配の頂点、つまり独裁者一人で人間社会を支配するということが、本当にできるのではないでしょうか。それは歴史上のすべての帝王にとって最高の夢でありますが、いまの趨勢に従って進化していくと、実現不可能ではありません。

真の「主人」は人工知能

たった一人の力でも天下を支配できるという誘惑が強すぎれば、無数の人に狙われるに違いありません。そのため、その独裁者も必ず極めて安全ではない状態に陥るので、暗殺されないためには、ロボットによって守られ、誰にも接触しない閉鎖的な環境で生活するしかありません。彼は最も権力のある人ですが、事実上、彼が自ら支配している人々と同じく牢屋の中に閉じ込められていることになります。事ここに及ぶと、本当の主人は人工知能になります。従来のSF小説では、人工知能が世界を支配するのは人工知能の邪悪さによるものであると描かれますが、実は邪悪な人間が人工知能を邪悪なものに変えたのであります。

王柯学兄、申し訳ありませんが、話はここまでくると、すでに学術的討論から離れ、小説を構想することになってしまいました。しかし、今日の中国の現実は本当に、最も不思議で荒唐無稽な小説にも勝っており、『セレモニー』はその中の小さな一幕にすぎませんでした。

以上の説明がご参考になるかどうかわかりませんが、ともかく、王柯学兄が中国に来られなくなったここ数年の間に、ハイテクを利用して、専制主義体制による国民の権利を制限し、民衆をコントロールする能力が大幅に成長しています。当然ながら、そのハイテク専制権力によって、人権状況もいっそう悪化しています。

またよろしくお願いいたします。

二〇二二年二月四日

王力雄

3 完全監視社会——私企業からも情報管理

Photo: Ed Johnson, 2011 (CC BY 2.0)

政府による「全面的監視」はいかにして可能か　王柯　2022.2.6

力雄学兄へ

お手紙をいただき、今の中国ではわずか数年の間に多くの変化が起こったことをあらためて認識しました。力雄学兄と奥様の置かれた状況を知り、大変心配しています。専制主義体制がどのようなことをするのか、誰にとっても予測不能ですので、くれぐれもお気を付けください。

時間と空間の制限をハイテクが突破

いろいろご教示いただき、本当にありがとうございます。特に『セレモニー』の出版以降の中国社会において、人工知能をはじめ、様々なハイテクが監視システムに使われるようになったため、監視体制がこれほど厳しくなっていたとは、想像もしませんでした。遠方にいても、口の形で言っていることが読み取れるというお話は、想像するだけでも怖くなってきました。力雄学兄も同じですが、われわれのように、毎日読み、書き、話すことを本職としている人は、世界中のどこの国にも大量にいます。しかしハイテクの力を利用する専制権力が、人数という制限だけではなく、時間と空間の制限も突破し、われわれがいかなることを考え、いかなる書物を読み、いかなる文章を書き、誰かといかなる話をするかをすべて監視し、そしてその専制主義体制にとって不利になるかどうかを判断するということは、その最終目的が、（政府とは異なる）独自の思想を持つ人々を完全に抹消することであるという以外にありません。言い換えれば、いまの中国政府にとっては独自の思想を持つ知識人を全く必要としないということですね。これを考えると、幸運にも思想の自由と言論の自由が保障されている地に暮らす私は、力雄学兄を始め、そのような監視国家に暮らしながらも思想の自由と言論の自由を不撓不屈に求め続ける諸学兄に、心から敬服せざるを得ません。

二七・六億台におよぶ監視カメラ

力雄学兄の手紙を読んでから、中国の監視カメラについてさらに調べました。そこでいろいろなことが新たにわかりました。中国政府によって監視カメラは「監控鏡頭」と呼ばれていますね。つまり、政府はそれに「監視」と「控制」という二つの役割を期待して設置しました。「控制」とは「（他の人に）恣意的に動くことをさせないこと」（中国辞書『現代漢語学習詞典』）で、ある人または物を力で自分のコントロールの下に置くという意味です。ここから、監視カメラシステムによる「監視」は手段に過ぎず、その目的は「制御」・「支配」（『中日辞書』による「控制」の解釈）であることがよくわかりました。おそらく日本においては、このような用語が政府によって堂々と使われることも、国民からの強い反発を受けることになるでしょう。国民を最初から犯罪容疑者と見る監視カメラシステムは中国全土に拡げられていますが、とりわけ都市部において普及させる際の名目が「知恵（人工知能）都市の建設」でした。中国のある報道によれば、そのプロジェクトのもとで、二〇二二年に全国の監視カメラ台数は二七・六億台に達し、一四億の中国人に対し一人当り二台弱になるという計算です。本当に、どこに行っても自分のプライバシーが守れないのです。

携帯電話の危険性

当局が望めば携帯電話はいつでも電子密告者になるというお話は、日本の読者にとって、重い警告として真剣に受け止めるべきであると私は思います。というのは、少なからぬ日本人は、一台の携帯によって自分の個人情報が全て他人に盗まれてしまうということを信じていません。たとえば、アメリカ、イギリス、オーストラリア、ニュージーランドなどの国から排除されていたファーウェイ（華為）製の携帯電話、パソコン、タブレットは、シェアが減っていると思いますが、いまでも日本の市場で販売されています。多くの日本人は、たとえ専制主義体制の国であっても、民間企業が政府の歓心を買うため、無条件に消費者に不利益をもたらすはずがないと思っているのです。

北京五輪公式アプリを「削除せよ」

実は日本政府は、二月四日に開幕する北京冬季オリンピックに参加する日本の人員に対し、新型コロナ対策として健康状態を管理するなどの名目で選手などにダウンロードを求められている北京オリンピックの公式アプリの利用を必要最小限にとどめ、帰国後にそのアプリを迅速に削除するよう求めました。その理由は、中国当局による監視や情報の抜き取りに対する懸念からです。日本政府がわざわざ選手たちに削除の必要性を強調することからも、日本の一般の市民は中国政府が自分の携帯電話を介して日本社会に手を出すことは想像していないか、個人の端末なのでたとえ侵入されても大した損害にはならないと思っていることがわかります。実際、そのように考えている方は私の友人のなかにも多くいます。

日本人の常識が転倒した「政府が市民を監視」する社会

多くの日本人はマスコミの報道を通じて、中国政府または軍がインターネットを通じて海外企業と外国政府機関のネットワークに侵入し、先進的技術と様々な政治・軍事の秘密情報を盗み出すことについては知っています。しかし、そもそも何のために中国政府は自国民を監視するのかと、その事実については半信半疑である日本人が多いです。専制主義体制に不満を持つ人を早い内に発見するためだと答えても、おそらく多くの日本人にとってはピンと来ないでしょう。というのは、日本のような民主主義の社会に暮らしている人にとっては、政府は国民によって選ばれた、市民にサービスをするための存在であり、政府に何らかの不満を持っている人がいても不思議なことではありません。どこの国においても、政府の仕事は税金によって賄われています。そのため、政府が市民を監視するのではなく、市民が政府の仕事を監視することこそ正常だと、一般の日本人市民は考えています。しかし中国においては、現実としてこの関係は転倒してしまっています。このことに、中国の国民はなぜ気が付かないのでしょうか。そして、このようにすべての人を監視することは、本当にできるのでしょうか。謎が深まるばかりです。

中国各地でコロナウイルスによる感染が報告されています。力雄学兄もご家族の皆さんもお気を付けください。

二〇二二年二月六日

王柯

果てしなく拡大する監視のテクノロジー　王力雄　2022.2.9

海外の友人との連絡で感じる温度差

王柯学兄へ

私たちのことをご心配いただいて、ありがとうございます。中国では、すべてが当局によって監視され、あらゆる情報が当局によって把握されていることは、すでに常識になっています。そのため、私は前の手紙でこれらの現象について話題を広げませんでした。申し訳ありませんでしたが、自由世界で生活している人々にとっては、そのような社会経験がないために理解できないということに、私はまったく気が付きませんでした。このことは以前海外の友人と連絡した時にもたまに感じていましたが、私のようなもともと「ウィーチャット」（「微信《ウェイシン》」）を使って友人と交流することが好きではない人は、ウィーチャットではせいぜい日常の出来事だけ話し、その他の内容には一切触れないことにしています。このような形になってしまったことについて、中国国内の友人たちは互いに心の中で理解し合っています。しかし、海外の中国人は自由な社会に慣れていますので、ウィーチャットの扱い方が違います。言いたいことなら何でも勝手に言います。私たちは慎重にしなければならないと考えますが、彼らはそういう意識をまったく持っていません。そのため、私たちの口ごもって遠回しな話し方が、面倒臭く、時間の無駄使いだ、と感じられてもおかしくありません。

ソーシャルメディアは警察の監視下

実は、私たちもそのような注意が役に立つとは限らないとわかっていて、当局に狙われてしまえば、何も隠すことができず、ここには一切のプライバシーが存在しないと知っていますが、ただ完全に無防備になると心理的にいっそう不安になるだけなのです。われわれが暮らしている社会環境、毎日対面せざるを得ない政府は、本質的に海外の友人たちのそれと異なっており、その現実ゆえに、人々の行動パターンや考え方における相違があるのも仕方がないことです。例えば、交通警察に罰金を科された後、文句を言うことは、世界中のどこの国においてもよくあることで、特別なことではありません。しかし中国では、ソーシャルメディアで交通警察のやり方を非難すると、いつどこで警察によって何日間も拘束されたとしても、けっして珍しいことではありません。それについては、ネット上で「交通警察を批判して拘束された」というキーワードを入力して検索すると、大量の事例を見ることができます。このことから、中国では誰もが、ソーシャルメディアで何を言っても警察にすぐ把握されることがわかります。ウィーチャットのユーザーは現在一二・六億人であるとも言われています。一部の超高齢者と幼児を除いて、すべての中国人がウィーチャットを使っているので、中国人全員がこのような監視の下に暮らしていると言えます。交通警察の悪口を言ったらすぐ拘束されるのですから、中国共産党や中国政府の悪口を言ったら、どのような処罰になるのか、考えなくてもわかることです。

私企業がなぜ監視に協力するのか

ウィーチャットはフェイスブックのパクリ、「微博《ウェイボー》」（Weibo）＊はツイッターのパクリですが、中国のソーシャルメディアは民間企業が経営しているのに、なぜ当局が監視するツールになったのでしょうか。答えは、中国のすべての企業の存亡と盛衰は政府にかかっているため、政府の命令に従わなければならない、ということです。政府に求められたことは、すぐに実行しなければなりません。アップル社が米国政府にテロリストの携帯電話のパスワードを

＊中国の新浪公司SINA Corporationが運営するミニブログサイト。

求められても決して渡さない、といったことは中国においてはありえず、逆に企業はみずから政府に裏口を提供するに違いありません。そのため、中国のインターネットでは、あなたのいかなる個人情報もはがきに書かれたものと同じく、少なくとも政府に対しては、すべて開かれています。

携帯電話は監視に最も便利な道具

今日、一人一人が肌身離さず持っている携帯電話は、当局が情報を得、そして人の一切の行動を監視するのに最も便利な道具です。携帯電話にはカメラ、マイク、電話、メール、ソーシャルメディアのインタラクションがあり、外部とのすべての関係、消費、支払い、切符の予約、宿泊など、すべて携帯電話で処理されています。携帯電話は人と社会の間のハブになっているので、一人の携帯電話を監視するだけで、その人の生活から思想まですべて、これまでの行動から計画中の行動まですべてを把握することができます。政府の要求さえあれば、すべての中国の携帯電話メーカーが裏口を開けたり、「木馬」のような隠し機能をプリインストールしたりして、関連部門による監視のために供出すると、私は固く信じています。

携帯電話による盗聴？

政府による監視は言うまでもありませんが、ある日、私はある別荘に住んでいる友人に、その別荘には家庭用エレベーターを入れるべきと話をしました。携帯電話を使って通話したのでもなく、携帯で検索してもいません。ただ、口で言っただけでしたが、その後の何日も、私の携帯電話には家庭用エレベーターの広告が絶えず現れました。どうやってそうなったのか？　私はそのような技術プロセスを確認できませんが、携帯電話をいじっていない以上、唯一の可能性は、携帯電話が勝手に私の言ったすべての会話を盗聴し、監視して、そこからキーワードがスクリーニングされて、私を広告投入の対象にしたということです。このことからも想像することができますが、一般の業者でもセールスのために電話を傍受しているのですから、当局による監視はもっと簡単にできるというのは想像に難くありません。権力の力は企業よりはるかに大きくて強いのです。

「オリンピックパス」は信用できるか

日本政府は北京冬季五輪に参加する人員に対し、北京オリンピックの公式アプリの利用を必要最小限にし、中国から日本に帰国後はすぐに削除するように呼びかけているというお話ですが、それはおそらく感染拡大防止という名義でインストールさせられた「オリンピックパス」ではないかと思います。

削除だけでは完全に防げないと思います。それらのソフトウェアは絶対にきれいに削除できないように作られていて、再び侵入するための裏口を残しているとと思います。あるいは潜伏する「木馬」を残していて、必要に応じて呼び出せば新しい機能をさらにインストールすることも可能であり、甚だしきに至っては、その端末と連絡するあらゆる携帯電話にも伝染させることができます。中国のソフトをインストールしなくても、中国で携帯電話を使い、電話の信号が中国の基地局を通過すれば、その携帯に対して様々な小細工をすることができます。これはけっして複雑な技術ではありません。たとえ欧米の一部の国が冬季五輪に参加する人に、使い捨ての携帯電話を使って帰国前に廃棄するように要求しても、その使い捨ての携帯電話を使って電話だけでなくフェイスブックまたはツイッターにアクセスすれば、個人のＩＤやパスワードが盗まれる可能性は十分あります。

懸念されるのはスキャンダルだけ

これらについては私が細部まではっきり言う必要はありません。一方で、私は専門家ではありません。他方、これは国家という組織にとって取るに足らない容易いことだと思います。やりたいことならすべてできます。ただ、冬季五輪に参加した人がそれぞれ帰国した後、使っていた携帯電話などの端末が厳密に検査されるかもしれず、そこで小細工が見つかれば、国際的スキャンダルになる可能性もあります。このような懸念こそ主な制約でしょう。したいかどうか、またはできるかどうかというレベルの問題ではありません。

「天眼プロジェクト」による全面的監視

　現代の人々は基本的に二十四時間携帯電話を身につけています。一人一人が毎日携帯電話に何時間も費やします。それがすべてビッグデータに収集されて処理され、あなたの行動パターンはあなた自身よりも詳しく知られています。今日の技術は、これを達成するのに何の困難もないはずです。個人のプライバシーの権利を重んずる人は、意識的に携帯電話を隔離させているかもしれませんが、より多くの人は携帯電話から離れるのが不便だと思っています。特に新型コロナ感染拡大防止体制下においては、携帯電話を持たなければ移動は一歩も許されません。また、たとえ携帯電話を持たずに出かけたとしても、当局によるいわゆる「天眼プロジェクト」*があり、あなたが家を出た瞬間から、エレベーターの中、すべての建物の出入口、すべての団地の通路に付けられたカメラがあなたの行動を細かく監視し、アルゴリズムに

＊「天眼工事」、Eye in the sky project。政府の公安情報機関が構築した全方位全天候型監視カメラシステム。全社会を「電子警察」による監視下に置き、ハイテクによって犯罪を防止し、人民の安全と財産を守ると中国政府は主張。

よって時系列であなたの行動を一つのカメラから別のカメラへと自動的に繋げていきます。たとえあなたがにぎやかな人ごみの中に飛び込んでも、監視カメラは顔認識の機能であなたをずっと見つめ続けます。

「靴のインターネット」も空想ではない

『セレモニー』に書かれた「靴のインターネット」は技術的に難しいことではなく、靴という商品をモノのインターネット（Internet of Things、IoT）と結び付けたにすぎません。人は携帯を持たなくても生きていけますが、靴は履かなければいけません。靴のインターネットの鍵は国家権力です。国だけが、国民に秘密を洩らさないことを前提に、すべての靴に製造の過程においてチップを加えることを要求できます。販売された靴について、デジタル決済によって持ち主を特定し、靴のネットワークの追跡を通じていつでも彼の行方を把握したり、靴と靴（靴を履いている人と人）の関係、位置、形態などを通じて相互行為を判断したりする――これは小説による荒唐無稽な想像ですが、現実において国家権力はこのような能力をすでに備えています。

監視の規模・範囲は絶えず拡大

私は前にも、ハイテクが専制権力に少を以て多を制する能力を獲得させたことについてお話ししました。この能力は急速に向上しているため、監視の範囲と規模が絶えず拡大しています。従来は監視の対象を選択しなければなりませんでした。その理由は、二十四時間三六五日、人を使って何億もの人を一刻も休まず監視するのはあまりにも大変な仕事であり、それを続けるのが難しいというだけではありません。大量の情報がビッグデータ化されていますが、アルゴリズムによって問題が見つかったら、はじめて深く掘り起こす必要があると判断されるのです。そうすると、ブラックリストに載っている人だけ――私と妻を含めて――二十四時間監視され、動向が常に収集され、整理を経て報告されます。

ネット・グリッド化管理システムによる監視と情報収集

かつてネット上で誰かが、中国公安警察の末端社会のネット・グリッド化管理システム（「社区網格化管理系統」）による監視と情報収集の仕組みを紹介していました。このシステムはデータ収集とデータ統計分析などのプラットフォームによって構成され、そのプラットフォームには、監視対象の基礎データ（性別、年齢、学歴、職業、共産党員か否か、少数民族か否か、宗教信仰は何か、「特殊な人物」か否かなど）に加えて、電話通話、メールの送受信、外出の記録、宿泊の登録情報、銀行から届いた請求書の明細、ネットショッピングと電子決済の詳細など、様々なフォルダーに詳しく分類されています。監視対象になっている人の行動は、すべてそれぞれ対応するフォルダーのリストに同期してアップロードされます。異常が検知されれば、直ちに関係部署に自動的に連絡されます。私と妻の監視を担当しているのは中国警察のなかの「政治安全保衛*」部門であり、その権限は一般の公安警察が管理するグリッドシステムよりずっと大きいので、把握している情報も多いに違いありません。

以前は、これらの情報を入手するには、監視対象の家に潜入してカメラや盗聴器を付けたり、ネット上で小細工したりしていました。しかし今はそのような必要が無くなりました。今は通信業、インターネット業、金融業、交通業などの会社が全面的に協力していますので、彼らのパソコンでも、対象のすべての動きを監視することができます。どのくらいの米を買ったのか、レストランで何を食べたのか……、乗車パスが出かける際の路線を示し、携帯電話の信号を通じてどこにいるのかを把握するのみならず、地下鉄の駅で誰かに会えば、相手の携帯電話も同じ場所にあったことで、その携帯電話の所有者を突き止めることもできます。

＊略称は「政保（警察）」。以前は「国家安全保衛局」で略称は「国保（警察）」だった。

交通・通信企業の全面的協力による監視体制

顔認証技術による逮捕

二〇一七年末、英国放送協会（BBC）の記者が「天眼プロジェクト」の貴州省監視センターに「天眼」の有効性を実験してみたいと申し込みました。おそらく効率を見せるために、センターは実験を許可しました。顔をスキャンされて容疑者として登録された後、記者はタクシーで貴陽市中心部に入りましたが、わずか七分間後には現地の中国警察によって止められ逮捕されました。もちろんこれは中国だけの技術ではなく、他の先進国もこれで犯罪者を逮捕しています。しかし、中国はこれを最も普及させている国であるに違いなく、犯罪防止のほかに、この技術は広大な社会を制御することにも使われているはずです。それを証明するよい例は、中国の顔認識技術には、ウイグル人を見分けるというカテゴリが設けられていることです。

感情を識別する顔認証技術

人の顔認証技術のもう一つの恐ろしさは、人の表情を分析し、その上で人の感情を読み取れることです。中国の発表によれば、現在は大学の授業においてすでに応用されています。どの学生が授業に集中しているのか、集中していないのか、授業内容を理解しているのか、理解していないのか、そしてポジティブに受け入れているのか、それとも逆にネガティブに受け入れているのか……。しかし、同じシステムが党の文書を読み上げる会場にも使用されたらどうなるのかと想像せざるを得ません。文書に対する一人一人の反応がポジティブなものなのか、それともネガティブなものなのか、あるいは真面目に聞いているのかどうかも識別されて、さらにその結果に基づいて、警戒すべき人物または弾圧の対象に特定されてしまいます。この技術を抗議の場に適用すると、どの人が積極的な参加者なのか、大勢に従っている者なのか、傍観しているだけの者なのかを見分けることができます。前の手紙ですでに触れたように、口の形で話の内容を再現できる技術はすでに完成しています。想像してみましょう。数百人から数千人がいるような大きな場で、あらゆる人がスクリーンに映されていても、一人一人の口元に文字枠が表示されて、そこに今現在話している内容が明示されるのです。これは後日その人を処罰できる証拠にもなります。このような状況は、現在はまだ完全に実現されていないとしても、ハイテクを身につけている専制主義体制にとって決して実現不可能なことではありません、そのうちにかならずそうなります。

国家による監視は中国だけではない

社会を監視し、国民のプライバシーを侵害することは、中国の専売特許ではありません。エドワード・スノーデン[*]が暴露した「プリズム計画」は、アメリカ政府によるものです。テロ対策という名目で、米国国家安全保障局（ＮＳＡ）は各種のネットワーク技術を通じて、国外の人と通信するアメリカの市民を監視し、彼らの電子メール、音声チャット、ビデオ、写真、転送ファイル、登録、連絡など、交友関係の詳細まで取得しています。民主主義国家の政府でさえそうなのですから、専制政府がこれをするのは何もおかしくはありません。違いは、中国ではエドワード・スノーデンのような人は表に出ることができないということだけです。エドワード・スノーデンも様々な起訴と指名手配を受け、権威主義国家であるロシアに避難先を求めざるを得なくなるという滑稽な道を選びました。このような人が中国に生まれたら、どんな末路が彼を待っているのでしょうか？

　コロナウイルスはまた猛威を振るっています。くれぐれもお気を付けください。

二〇二二年二月九日

王力雄

＊アメリカ政府の監視システムを告発した元ＮＳＡ・ＣＩＡ職員。

4 警察の腐敗——「共産党の犬」と公然と自認

Photo: Alexander von Halem, 2012
(CC BY 2.0)

公権力は誰のためのものか

王柯　2022.2.11

力雄学兄へ

たしかに、社会を監視し、国民のプライバシーを侵害することは、中国の専売特許ではありません。いまの日本でも、人が移動するたびに、その地のコロナ感染状況や、感染防止のための連絡と警告が自動的に携帯電話にアップされてきます。このことから、日本の民間の通信会社も、政府による人々の動向を把握するシステムに協力しているのではないかと推測できます。私は、権力が私生活の部分に介入し、個人のプライバシーが干渉されることに抵抗感がありますが、日本では、本当にコロナ感染拡大防止のためであれば、自分の行動が追跡されてもやむをえないと考えている人は決して少数ではありません。実際、民主主義国家においても、社会監視システムが次第に構築されています。最近の報道ですが、情報の漏洩または他の危険性を懸念して、欧米諸国で中国製の監視カメラの使用状況についての調査がありました。その際、ロンドン市内に設置された監視カメラは三万三〇〇〇台にも上り、ヨーロッパ諸国のなかで一人当たりの台数が最も多いことがわかりました。ちなみに、取り付けられている三万三〇〇〇台の監視カメラのうち、二万六〇〇〇台が中国製でした。これまで問題視されなかったのは、おそらくロンドンで何度もテロ事件が起こっていたためでしょう。犯罪の防止には、ハイテク技術に頼って構築された社会監視システムが確かに役に立ちますが、しかし社会監視システムの構築に伴って個人の私生活に権力が介入し、プライバシーが守れなくなる可能性は、民主主義社会にしろ専制主義社会にしろ、同じように高いのではないかと私は考えています。公権力と市民の権利を混同してはいけません。この点については、力雄学兄はどうお考えですか。

「公権力」は本当に国民を守るためのものか

力雄学兄の手紙を拝読し、現在の中国では、すべての国民を対象とする監視システムがロンドン以上に整備されていることがさらによくわかりました。ところで、最近の中国社会で暴露された様々な事件を通じて、ハイテク独裁社会のいわゆる「公権力」は本当に国民の権利を守るために存在しているのかといっそう疑うようになりました。実は、江蘇省徐州市豊県で起こったあの「首に鉄の鎖で監禁された八人の子供の母親」という事件は、日本社会においても大きな衝撃を与えました。誘拐された女性がレイプされ、精神的な病気に罹っても二五年間に八人の子供を産まされ続け、歯が全部抜けて、首に鎖を巻かれた状態で小屋に閉じ込められていました。なぜこのような人間の想像を絶するような残酷な事件が、全社会をカバーする監視システムまで整備されている社会において発生しうるのでしょうか。中国には、厳しい一人っ子政策があり、数年間をかけて膨大な資金を投入して構築されたビッグデータもあり、末端社会のネット・グリッド化管理システム（「社区網格化管理系統」）もあり、八人の子供を産んだ彼女の存在は当然周知の事実でした。多くの日本人がさらに不思議に思うのは、にもかかわらず、これほど悲惨な状態に置かれた彼女を救い出そうとする「公権力」がまったく存在しなかったことでした。

犯罪に対する政府と警察の対応

現地を訪れた人が偶然、首に鎖を付けられたこの女性を発見して事件化しましたが、しかし今日まで、中国では政府系のメディアによる事件の報道はまったくありませんでしたね。中国のメディア事情について、後日またお尋ねしますが、特に事件が発覚してからの政府と警察側の対応に対し、さすがに人々は唖然としました。共産党の宣伝部門と現地の「人民政府」、そして共産党系の「婦女連合会」は、すぐ「そこには犯罪性が見られない」という声明を出して事件のもみ消しに躍起になりました。誰が見ても残酷な人間虐待に違いないとわかることを堂々と庇う地元政府の傲慢さは、本当に理解しにくいもので、彼女を救い出す気はないことが見え見えでした。まさに彼女が嘆いたように、「この世界は私を見捨てました」(「這個世界不要我了!」)。

北京冬季五輪を意識した政府の対応の変化

政府の態度を見て、地元の結婚式場を経営する会社は、なんと被害者の「夫」、実際は被害者をレイプした男を、「八人も子供を産ませた父親」として広告モデルにも起用しました。このようなことは、当然ながら良識のある人々のいっそう強い不信と反発を招きますね。その後、政府側は数日のうちに連続して四回の声明文も出しましたが、おそらく北京で冬季オリンピックが開かれていることにも関連して、全国からの反発を和らげるためでしょうね。しかし不思議なことに、後から出された声明文の内容はかならず前の声明文と食い違っていたり、あるいはそれを否定する内容となっています。早

犯罪者を擁護する権力者

いうちに真実を公開しなければ、政府は国民の信用を失ってしまいます。しかし中国の地方政府はそれをまったく恐れていないようですね。この手紙を書いている時点では、政府側の最新の声明文によれば、被害者の彼女が誘拐されてきたことが認められ、その「夫」は、違法に人を拘束し、虐待した罪で逮捕されました。事件の真相が完全に公表されることはおそらく永遠に無いでしょうが、彼女が新しい人生を迎えられるように心から願っています。

この事件について、私が特に強いショックを受けたのは、権力者たちが一律に犯罪者の擁護に走り、本来は犯罪を止め、被害者を助けることを仕事とする警察さえも同じような態度をとったことでした。警察は、悲惨な状況に閉じこめられた彼女を発見し現場で撮った映像を微博《ウェイボー》でネット上に公表した人のIDを直ちに無効にしました。そして監視システムを通じて、彼女を救出するために村に集まってくる人の行動を事前にキャッチし、一〇〇人以上の警察官で村に入る道を封鎖した上で、やってきた救援者に対して、「お前らのようなザコは全員逮捕するぞ」と公然と脅かしていました。私が一九八八年に中国を離れて日本に来る以前は、民衆に対する警察の態度はまだこれほど悪くなかったように記憶しています。

「法の番人」が「民衆の敵」に

一般の国では、検察・裁判所とともに「法の番人」と理解されている警察が——いや、中国においては確かに「人民警察」と呼ばれていますね——、今やなぜ完全に民衆の利益を無視し、民衆の要求を抑圧し、民衆を敵視する側に立つことをまったく恥じないようになったのでしょうか。力雄学兄は前回の手紙で、中国政府によって構築された社会全体を監視するシステムが、警察によって運用されていることに触れました。徐州の「首に鉄の鎖で監禁された八人の子供の母親」の事件でも、中国の政府、中国の警察など本来社会の「公器」であるべき機関や組織が、実際のところ民衆との関係をどのように考えているのかを、ふたたび考えさせられました。

王柯

二〇二二年二月十一日

警察は「政権の犬」

王力雄　2022.2.11

警察は専制主義体制を維持するための道具

王柯学兄へ

中国では警察は市民の味方ではなく、民衆を虐めて苦しめる組織になっている事例は数えきれません。江蘇省徐州市豊県の「鎖に首をつながれた八児の母親」の事件もそうですが、さらに今の中国に整備されている社会監視システムは国民のための犯罪防止ではなく、専制主義体制を維持するための道具にすぎないことを証明する良い事例があります。北京で今年（二〇二二年）一月十八日に一人の新型コロナウイルス感染者が発見されました。政府が公式し発表した「流動人口調査通報」によると、一月一日から一月十四日まで、山東省から上京した岳さんというこの男性は北京の二、三カ所を転々としてアルバイトを続け、砂袋やセメントなどの建築材料を運んだり、建築ゴミをゴミ捨て場に運んだりして、一つの工事現場の仕事を終えれば休む間もなく別の工事現場に駆けつけ、一日四～五時間しか眠らず、毎日朝の三時か四時までアルバイトを続けました。その仕事ぶりが「通報」によって報道されると、たちまちネットユーザーによって「流動人口調査通報の中で報告された最も苦労している中国人」と呼ばれました。

行方不明者の家族を無視した警察

その陰で、四十四歳の岳さんが一年以上行方不明になっている息子を探すために北京に来たということも、初めて人々に知られました。それ以前彼は山東、河南、河北、天津などの各地でアルバイトをしながら息子を探していました。息子が行方不明になったのは一年半前でしたが、そのときに家族は警察に届け、携帯電話の位置特定システムで息子のいる場所を特定すること、または監視カメラを通じて失踪者の行方を探すことを警察に要望しました。しかし警察は息子がすでに成人であることを理由に携帯電話の位置を特定することを拒否し、交通事故であれば初めて監視カメラのデータを見せられるという理由で家族の懇願を一蹴しました。息子の母親は公安派出所の前で二日間泣き続けて懇願しましたが、警察はそれを無視し続け、その上、聞き苦しい言葉を浴びせました。岳さんは上級の公安局に行って訴えましたが、案件は上級の公安局から地元の公安局に戻されただけでした。その後、岳さんは山東省公安庁、北京にある中国政府公安省を訪ねて、三ヶ月後にようやく立件してもらいました。しかし、息子の所在を把握できる回答は全くありませんでした。岳さんは、「息子が行方不明になった直後の数日間のうちに位置を特定してくれれば、見つかったはずです」と嘆きました。その時は、息子の携帯電話にかけると、息子は出ませんでしたが、電話は鳴ったのです。しかし二、三日後には携帯電話の電源が切れて、最後のチャンスも失われてしまいました。

庶民に奉仕するものではない中国の監視システム

この対比は、今日の中国における監視システムが何のために構築されたのかを知る好例です。国が重要視している北京における冬季五輪の開催を守るため、上部機関の人に要求された感染拡大防止のためには、岳さんが北京で足を踏み入れた場所とその一日の生活時間が分刻みで詳しく監視されて調べられました。あるいは前に述べたように、警察が七分以内にＢＢＣの記者を人ごみから見つけることができるほどの監視システムが存在するのに、ある庶民の息子が行方不明になった際には、その母親が公安の前で二日間泣き続けて懇願してもそれを使おうとしませんでした。

そのような監視システムの下で、息子は生きたまま完全に消えてしまい、父親は息子を探すために困窮した生活をしながら全国各地を放浪し、家族は抜け出すことができない人生の悲劇に陥ってしまいました。これは中国の監視システムが庶民に奉仕するために作られたものではないという良い証拠です。ハイテク自体は悪いものではありませんが、しかし専制権力と結びつけられ、専制主義体制を維持するために使われれば、邪悪をしか助けない力に変質しうるのも間違いありません。

民主主義社会の警察との根本的な違い

中国の警察ももちろん他国の警察と同じ機能を持っており、たとえば犯罪を取り締まったり、公共の場所の秩序を維持したり、交通管制をしたり、身分登録をしたりするなど、それに専心して奉仕する警察官も当然います。しかし、専制主義体制下の警察と民主主義社会の警察とは根本的に異なり、前者は政権に奉仕し、後者は社会に奉仕するのです。

ある知人によると、ある大学の先生が警察官になった教え子に会い、その学生に具体的に今どんな仕事をしているのかを尋ねたところ、学生は先生の携帯番号を使って、自分のパソコンでその先生に関するデータを直ちに呼び

「国民健康コード」への警戒

出して、自分の仕事内容を説明しました。そこには先生のここ一週間のすべての行動の軌跡が表示され、さらにその間の他の携帯電話との通話記録も、瞬時にリストアップされました。もちろん、遡って一ヶ月も数ヶ月も前のデータを見ることも可能です。その大学の先生は警察の監視対象ではないにもかかわらず、警察にその気があれば、いつでも通信会社にある彼の電話記録を簡単に呼び出すことができるということです。

実はこれは今の「国民健康コード」技術の基礎にもなっています。健康コードは、携帯電話で人の行動履歴、所在位置、接触した人、接触した時間などを特定し、ウイルス感染の可能性や隔離が必要かどうかを判断するものです。王柯兄は、日本人にはコロナの感染拡大防止のために人々の行動を監視するのはやむをえないと考える人もいると言っていますが、たしかにその通りです。感染拡大防止のためだけなら、もちろん悪いことではありません。しかし、日本政府も自国の冬季五輪参加者に「中国冬季オリンピックパス」というソフトウェアを削除するよう要求していることからもわかるように、もしそれが単純に健康コードだけなら、なぜ警戒しなければならないのでしょうか。問題はそのような健康コードの中に他の意図で隠されているものがあるかもしれないということです。あるソフトウェアが個人の携帯電話に組み込まれて、そしてそのソフトウェアが当局によって制御されることになれば、当局がそれを使ってさらに拡張することがないとは誰も保証できません。先ほど言ったような特定の対象に使われた監視手段を、将来このようなソフトウェアによってすべての人に適用させることも不可能ではありません。

もはやプライバシーは存在しない

以前は当局が二十四時間監視していたのは一部の人に過ぎませんでした。それは、データ処理の性能が限られ、大規模な人数になればそのデータ処理をできないためでした。しかし、「ムーアの法則」*に従って発達してきたコンピュータ技術が日に日に強化され、はじめは想像もできなかった機能がすべて一つ一つ実現しています。いつの日か一四億人の中国人がすべて人工知能による自動化監視の下に組み入れられて、以前はブラックリストに載せられた人だけを対象に作られた行動情報一覧システムがすべての国民にまで拡げられると、私は確信しています。そうなると、もうプライバシーは存在しません。プライバシーは、権力に直面する際の独立性と自分を守る最後の防衛

＊大規模集積回路の部品数が毎年二倍になるというG・ムーアの予測から、広くコンピュータの性能の指数関数的成長についても言われる。

線であり、守らなければならないと考えている人は多いはずです。しかし、デジタル化の時代に入るとそれが一歩一歩後退し、すべてのものがデジタル化の過程にその痕跡を残し、採集され、そしてアルゴリズム分析に入れられることを避けられません。百歩譲って、全面的な監視が国民に奉仕するためのものであればいいですが、問題はそのような監視の目的が国民のためではなく、統治者がその支配を維持するためであるということです。

専制社会における監視には制約が働かない

その意味で、民主主義社会が行う監視も、完全に信頼できるというほど単純なものではありません。民主主義社会が行う監視と専制社会が行う監視は、その共通点は監視が権力によって行われ、掌握されていることであり、異なる点は権力が制約されているかどうか、誰の制約を受けているかにあります。理論上、民主主義社会の権力は全国民の一般選挙の制約を受けていますが、専制社会にはこのような制約がないため、監視は権力に独占され、権力自身のために奉仕することになります。民主主義社会では、権力者が定期的に国民総選挙によって交代するため、権力が独占的ではなく、権力を握った人もそれを恣意的に使うことに配慮せざるをえません。これは二つの社会の根本的な違いです。

しかし民主主義社会であっても、権力が効果的に制約されているかどうかという問題を抱えています。監視は往々にして秘密裏に行われ、そして専門性が高く、データが膨大で、解読するには高度な専門性と技術性を要します。そのため、多くの一般有権者は監視の本当の目的、意義と結果を理解できる能力を持っていません。たとえ報道の自由と言論の自由が保障され、専門家の解説と社会的団体による暴露が許されても、より大きな発言権をもっているのはやはり政府で、テロ対策、犯罪防止、麻薬取り締まりなどの理由で監視を正当化すれば、社会の安定を望む多くの国民は政府に容易く説得されます。そのため、民主主義社会の国民も、専制主義体制と同じように、権力者が監視という手段を自分のために使うようにならないよう常に注意しなければなりません。

民主主義社会における監視にも警戒は必要

現在、民主主義社会には政府による監視に反対する人物（たとえば、エドワード・スノーデンなど）もいますが、社会の多くのメンバーはやはり政府を信頼しています。監視の是非を判断する線引きは確かに把握しにくいです。一方

行き過ぎた監視は社会正義の破壊

で政府は社会と人民を保護するために監視を通じて犯罪活動を早期に発見する必要がありますが、他方で監視が行き過ぎると、社会のすべてのメンバーに対するプライバシーの侵害になり、それは社会正義の破壊に違いありません。しかも二者を比べれば、犯罪者による破壊は個別に対するものですが、政府によるそのような破壊は社会全体を対象とするものになります。

政府による監視はいつでも国民の権利侵害に結びつく

政府が監視システムを通じて公民のプライバシーを入手しても、公民に危害を及ぼすことはないと見ている人もいます。彼らは、政府は確固たる証拠を手に入れて犯罪者やテロリストの取り締まりに使うだけで、法律を遵守する公民は心配する必要はなく、まして自分には実質的な損害を与えないので、社会の安全を保障するためにプライバシーが政府に把握されるくらいの犠牲を払ってもよいのではないかと考えています。しかし問題は、本当にそうであること、そしてずっとそうであるということを、誰が保証できるのかということです。まさにこの点が疑われます。政府による社会監視に反対するのは、監視が具体的な危害をもたらしたからではなく、何よりも監視がそのような可能性を提供するためなのです。今は国民を危険にさらしていないとしても、権力が必要だと思えば、危機対応という名目で国民の権利を侵害することができます。

「健康コード」は全面的な監視への入口

今回のパンデミックのように、国境が容易く乗り越えられる時代の人類が直面する危機は、たちまち拡大して、世界的な災難になります。すべての人の行動を追跡する健康コードは感染拡大防止の手段として、今はまだ人の行動軌跡を監視しているにすぎませんが、しかし全面的な監視への扉もこれによって開けられました。健康コードはすべての社会メンバーの行方を政府に掌握させ、望むと望まざるとにかかわらず、誰もが政府の監視下にいなければならなくなりました。政府が単に人の行動軌跡を把握するだけに留まればよいのですが、実はこれは監視の始まりにすぎません。これからは人との通話内容、ソーシャルネットワーク上の交流、携帯電話を通した消費、ID、パスワードなども、健康コードで簡単に入手できるようになり、政府がすべての人のプライバシーを把握できるようになることも空想ではありません。

権力は本能的に拡大し、服従しない者を抑える

今回のパンデミックはまだしばらく続くかもしれません。そして、今回が過ぎても、新たなパンデミックが発生します。これらの事実は、全面的な社

会監視を続ける口実になる可能性があります。そのような危険は確かに存在しますが、権力側がこれを理由に全面的な監視をしようとする心理があっても少しもおかしくありません。たとえ民主主義社会であっても、権力は本能的に拡大し、服従しない者を抑えたいものです。そのため、権力に拡張の機会を与えれば、権力はかならずそれを可能な限り利用することになります。

未来の世界はもっと大きな危機に直面します。例えば気候変動による沿海部都市の水没、農作物の不作、生物の絶滅、大量の難民の発生などは、いっそう大きな社会不安、国家間の衝突、人種対立を招きます。その時になると、国は秩序の維持と国民の安全を守るためにできるだけ強力にならなければなりませんが、権力がそれを利用して専制権力に変身することはないと誰が断言できるでしょうか。否、その発生確率は疑いなく高いのです。

「即効性のある結果」を見せた専制権力

中国政府はもともと今回のパンデミックを作り出したもの（「始作俑者」）でしたが、専制的手段で最初にコロナ禍の悩みから脱出し、経済活動を再開させて、中国国民のもともとの政府に対する不満を、世界の他の国のコロナ対策との比較を通じて、中国政府に対する感謝に転換させました。このような専制権力の霹靂のごとき手段と即効性のある結果は、多くの権力者をひそかにうらやましがらせ、権力の未来に方向性を示す手本として記憶される可能性が高く、次にパンデミックが発生すれば、民主主義社会が専制権力によって大きく侵食されるのではないかと危惧しています。

蓄積されたデータも専制権力に利用される

社会に対する全面的な監視は、民主的な状態ではあまり危害を及ぼさないかもしれませんが、危険なのは、それが権力が専制へ向かうための基礎を提供することです。その時、当局が社会を監視して蓄積した歴史的データは、専制権力が利用する武器となります。独裁者はデータに基づいて正確に人を区別し、それぞれ異なる手法で扇動や洗脳を行い、プライバシーの中から瑕疵を選んで脅迫に用いたり、身体的データを利用して弱者の淘汰を行ったり、特定の民族に有利になるように傾斜したりすることができます。

専制への抵抗は必要だが分裂ももたらす

いまの中国で起こっていることを見てもわかりますが、この類のことが将来的に人類社会にいかなる危害をもたらすのか、われわれの想像をはるかに超えます。このような危険を考慮するなら、民主化社会における全面的な監視も危険と見なすべきであり、常に警戒して情報の公開を求め、批判および反対する必要があります。現在、一部の民主主義社会では、感染拡大防止のために実施されている様々な規制に対する反対運動、例えばワクチン接種に抵抗し、マスクを着用せず、交通を塞ぐことなどが起きています。法律を守るべきと考えている市民としてはこれに反感を持つかもしれませんが、専制権力への抵抗には積極的な意義があると思います。国民の自由を堅持し、簡単に権力に服従しない態度は、権力者による恣意的な権力行使を制約するものです。しかし、このような抵抗を通じて表現された民主主義は、社会の分裂と民族の対立をもたらし、長期的に見れば民主主義制度自身にもダメージを与えることになります。そのため、どのようにして民主主義を堅持し、政府の権力が大きくなりすぎることを避けながらも、同時に社会的理性を維持し、社会のコンセンサスを得て、一致団結して危機に打ち勝つことができるのか、それが民主主義制度に向けられた新しい要求であり、今回のパンデミックで際立った、重視に値する課題のひとつです。

代議制民主主義の「弱み」をどう克服するか

現在、日本を含む西側諸国の政治制度は代議制民主主義であり、その基礎は政党間の競争によって保証されている政権交代です。このような対抗関係にもとづく政治のあり方は、安定した社会においては可能ですが、社会全体が団結して難関を乗り越える必要が生じる場合、力不足という問題が露呈し、時にそれが深刻になることもあり得ます。これは民主主義社会が統治の効率と能力の面で専制主義体制に及ばないとされている理由です。民主主義社会がこのような面で改善できなければ、未来の重大な危機に対応できない可能性を否定できません。その時、自身の安全を守ることができないだけではなく、その危機をきっかけに専制主義体制が始めた攻撃にも抵抗できなくなります。

洗脳と警察による人民の管理

専制主義体制は人民を管理対象とし、権力を危険にさらす破壊的な力であり不安定な要素だと見なしているため、常に強力なコントロールを行っています。権力が専制的であれば、彼らにとって最も必要なのは、人民が従順に服従し、権力側が何を言ってもおとなしく聞き入れ、完全に権力に従うことです。これを実現させるためには、一方では洗脳に頼るとともに、他方では警察による力に基づく管制を行います。これこそが専制主義体制下の警察の最も重要な仕事で、他の機能も結局この目標を実現させるために存在しています。

例えば、中国の警察の中で最も重要な仕事とされているのは「政治安全保衛」（第3章八五頁参照）であり、「政治安全保衛」部門に属する「政保」警察を育成する教育大綱によれば、彼らの仕事は以下のような対象を取り締まり、ダメージを与えることです。

1、国外勢力と結託し、国家安全に危害を及ぼすことを狙っている者
2、国家を分裂させ、国家の統一を破壊する者
3、国家政権の転覆、社会主義制度の転覆を企んでいる者
4、国家機密あるいは情報を国外に提供する者、国家機密を取得あるいは保有する者
5、国家安全保障活動に危害を及ぼす国内外の組織と人員を援助する者
6、暴力的テロ活動を実施したり、テロ情報を伝播したりする者
7、民族間の紛争をそそのかす者
8、違法な組織、違法な刊行物
9、宗教を利用して罪を犯す者

「政保」警察による取り締まり

10、邪教組織及びその中堅メンバー
11、各種の秘密結社とその刊行物
12、宗族組織（父系的血縁関係に基づく）
13、インターネットを利用して国家安全保障と政治の安定に危害を及ぼしている者
14、大衆を扇動して社会政治の安定を破壊している者
15、社会に不満があり、危険な行動を起こす疑いがある者

政権以外のすべての組織を攻撃する

中国の法律は往々にして厳密な定義に欠けており、法の執行者が任意に解釈することができますが、上述の各罪名は実はみないわゆる「口袋罪」、つまり何でも中に入れて有罪とすることができます。以上のように、「政保」警察の取り締まる対象は、一般社会のほとんどを網羅していることがわかります。つまり中国では、政権を除いて、社会の他の組織や活動はすべてダメージを与え、滅ぼさなければならない存在とされているのです。

中国警察の主人は政権

民主主義国家の警察が国民に奉仕するための存在であることの最も重要な保証は、警察の首脳が選挙による政府によって任命され、警察の経費は納税

者によって提供され、その予算は議会の承認が必要であることです。納税者によって支えられている警察は納税者に奉仕しなければならないということは、非常に明確な原則となっています。しかし中国には民主主義体制がなく、政権は税金と税額を任意に受け取って支配し、警察の使う経費はすべて政府からもたらされ、警察首脳も政権によってトップダウンで任命されています。そのため、中国警察の主人は政権であり、そのサービス対象も人民ではなく、政権そのものです。ある実話によってこの点を説明することができます。

江西省上饒市の公安局は、その事務所の入り口に一面の「忠誠壁」と呼ばれる浮き彫りの壁を建てました。壁の上方には太陽のように中国共産党のシンボルマークがあり、そのマークから出ている光線（光条）の下で、一匹の犬が吠えています。そこには文字の説明も書かれています。「吼天犬は、中国神話の中に出てくる伝説の神獣です。最も忠誠を尽くす動物で、飼い主である二郎神に対する忠義は死ぬまで変わることはありませんでした。ここにそれを描く目的は、人民公安の党に対する命あるかぎり変わらぬ忠誠を尽くす決心を表すためです。」このように自分を犬にたとえて中共政権に忠誠心

警察が「政権の犬」を自称して大炎上

を示すやり方は、ネット上で炎上して多くの人によってあざ笑われた後、宣伝のミスとして撤去されましたが、中国警察の自己の位置づけを暴露するのに十分でした。このような警察は、「人民公安」・「人民警察」と自称してはいますが、政権が人民を敵とすれば、それに従って必然的に人民を敵とすることがわかります。

専制主義体制の中国においては、本当の立憲国家ではあり得ないような、政党が国を凌駕し、人民を凌駕するようなことが毎日数えきれないほど発生しています。特に、自分では法治国家だと言いながら法治を踏みにじっていることについて特筆すべきであると思いますが、それは次回に譲りましょう。

王力雄

二〇二二年二月十一日

Photo: SOPA Images Limited / Alamy Stock Photo

5 「人治」の蔓延

——特権階級の既得権益と「法治」の喪失

中国における「法」とは何か

王柯　*2022.2.16*

力雄学兄へ

中国の警察の性格について詳しく説明していただき、ありがとうございました。「人民警察」と自称しながらも自らを「党の犬」に喩えて忠誠を誓うという話は、非常に印象的でした。国民の嘲笑を買い、「宣伝上のミス」として撤去したが、公にしてはいけないことをポロッと話してしまったという「ミス」ですね。ご指摘の通り、社会に奉仕することを本分とする民主主義社会の警察と根本的に異なり、専制主義体制下の警察にとっては政権の維持が最も重要な仕事です。そのため、中国共産党の本心は、警察は「党の犬」になるべき、否、現実としてすでに「党の犬」であると考えているに違いありません。例えば、二〇二〇年八月、中国の「警察旗」が初めて作られ習近平によって警察に渡されました。この赤と紺の二色からなる「警察旗」のイメージは、「上部の赤は党の人民警察に対する絶対的全面的指揮と人民警察

中国の「警察旗」に象徴されているもの

による絶対的忠誠、絶対的純潔、絶対に信頼できるという政治的本質を象徴し、下部の紺は人民警察の職業的特徴、人民警察による治安維持を象徴する」と説明されています。警察は「人民」の利益を守ることより、第一義的に重要なのは「共産党」に忠誠を尽くし、党の利益を守る従順な道具であることを露骨に表しています。

中国ほど「人民」の名称を使う国はない

中国においては人々はすでに慣れてしまったのかもしれませんが、「人民」と名乗る以上は、忠誠の対象が「人民」ではなく、政党であるというのは、誰が考えても理屈に合わないことがわかります。しかし、世界中のどこを見ても、中国ほど「人民」の名称を愛用する国はありません。人民共和国、人民解放軍、人民政府、人民代表大会、人民法院（裁判所）、人民検察院、人民警察のように、公権力を代表する統治機構は大体「人民」の名義を使います。そのほか、中国人民銀行（中央銀行）、人民幣（人民元）、人民広播電台（ラジオ放送）、人民出版社、人民医院、人民大会堂、人民広場等の「人民」の名義が使用されたものであれば、同じカテゴリーのなかで最も階級が高く、権威があり、実力があるということが国によって承認されているという意味を持ちます。「民主主義」も「人民」も「共和」もないくせに、「民主主義人民共和国」と名乗るとはよほどの勇気があると、一九九〇年代当時の中国人は隣国を嘲笑していました。しかし現実には中国でも「人民」は一党独裁の政権に乗っ取られています。たとえば、最大の新聞『人民日報』は共産党の機関紙であり、共産党による一党独裁体制は「人民民主専政」の名を使っています。おそらく現最高指導者が最も気に入っている「尊号」は、四、五年前にその側近によって打ち出された「人民領袖」でしょう。面白いことに、『知乎』という中国国内のサイトで、なぜ「人民監獄」がないのかと揶揄する質問を読みました。「人民の監獄」にすればこそ、現実が論理に合うという理由でした。

ネットで話題になった二人の女性

ここ数日、ネット上では二人の女性の話が人々の強い関心を引いているようです。一人は、前の手紙でも取り上げた江蘇省徐州市豊県の「首に鉄の鎖で監禁された八人の子供の母親」です。豊県共産党宣伝部、豊県政府調査委員会、徐州市政府調査委員会による計四つの事件調査報告書はそれぞれ食い違い、ますます人々の不満を買っています。しかし、現地に赴いて真相の究明を呼びかけた人は、現地の「人民警察」によって複数が拘束されたようです。もう一人は、谷愛凌という北京冬季オリンピック選手の国籍を巡る話です。中国オリンピック委員会によれば、二〇〇三年九月三日にアメリカに生まれた彼女は、二〇一九年の十五歳の時に中国国籍を取得したとされています。彼女は国籍に関する記者の質問に対し、自分はアメリカにいればアメリカ人、中国にいれば中国人と答え、二重国籍であることを暗に認めています。しかし「中華人民共和国国籍法」（第三条）は二重国籍を認めていません。つまり法律的に谷は中国の選手になる資格を持っていません。しかし人々の質問に対し、中国政府は沈黙を続けました。

本当の「警察」「法」は中国に存在するのか

「人民警察」は犯罪者を追及するのではなく、犯罪者を追及することで政府の権威を傷つける人々を追及します。この人たちはいったい「警察」といえるのでしょうか。法律があっても、公平に適用するのではなく、対象によって適用するかどうかが分かれます。法律は何のために作られたのでしょうか。これはけっして珍しいことではないようで、私は、中国には本当の「警察」が存在するのか、そして本当に「法」と呼べるものが存在するのかと疑いの念を禁じ得ません。「法」と名付けられたものは、あくまで中共政権にとって、そのとき最も重要な地位にいる人にとって必要とされた時に、初めて持ち出されます。『憲法』もその例外ではありません。

「憲法」上の権利を要求すると「国家政権転覆煽動罪」

周知のことですが、『中華人民共和国憲法』第二章「公民の基本的権利及び義務」の第三五条は「中華人民共和国公民は言論、出版、集会、結社、行進及び示威の自由を有する」、第三六条は「中華人民共和国公民は、宗教信仰の自由を有する」となっています。言うまでも無く「言論の自由」、「報道の自由」、「結社の自由」、「移動の自由」、そして「宗教信仰の自由」などは、みな近代民主主義の価値観に相応しい内容です。しかし実際には、「憲法」で「約束」されたこれらの権利を要求すれば、すぐ「国家政権転覆煽動罪」で逮捕されます。ノーベル平和賞受賞者である劉暁波氏はそのために獄死されました。しかも、一九八二年の『憲法』が定めた二期一〇年の国家主席任期制は、二〇一八年三月に人民代表大会に改定案が提出されて、国民の討議も経ぬまま、わずか数日間でその撤廃が決まりました。『憲法』でさえ政権の意思、最高支配者の意思によって任意に書き換えられたり、踏みにじられたりしますので、近代国家・法治国家の振りをするための飾り物にすぎないと言われても仕方がないと思います。

「三権分立」と「司法の独立」の否定

私が中国に本当に「法」と呼べるものが存在するのかと疑っている理由は、中共政権と中国政府による「憲政」、「三権分立」と「司法の独立」の否定です。二〇一七年一月、「中国最高人民法院」(最高裁)院長周強は全国の裁判所長の前で、西側の「憲政民主」「三権分立」「司法独立」などの「誤った思想」に対して「剣を抜いて堂々と反対し」、党が司法を指導する体制を堅持しなければならないと訓示しました。その後、人民代表大会委員長、そして習近平本人も直接「憲政民主」「三権分立」「司法独立」を否定しています。

しかしご存じの通り、これらの政治理念は近代的法治国家の基本的政治原則でもあります。国民の権利を保証するためには、一切の制約を受けない絶対的権力をなくさなければなりません。そのために導入されたのが憲法に基づく政治つまり憲政体制であり、そして「三権分立」の原則は、権力を単一の機関に集中させず権力の濫用を防ぐために確立されたものです。また、最大限に公平を実現させるために確立されたのが「司法の独立」です。「三権分立」

と「司法の独立」を認めなければ、本当の憲法も法もありえず、国民の権利を守ることは一種の空論にすぎないと思います。

中国の「政治」「法治」は独裁者の個人意思にすぎない

中共党首になる前の習近平は「党は人民を導いて憲法と法を作ったのだから、党もその許す範囲内で活動し、先頭に立ってそれを守らなければならない」と述べていました。しかし国家主席任期制に関する『憲法』の条文が削除された二〇一八年三月に、習は全国人民代表大会において、中国のあらゆる地域・部門・個人は「すべて党の指導を受けなければならない」と「人民代表」を訓導しました。中国のあらゆる問題は、「政治」から分離しては考えられないと思います。ここ数年、「政治」の重要性が中共によって一段と強調されました。「政治立場」「政治方向」「政治意識」「政治観念」「政治覚悟」「政治忠誠」「政治判断力」「政治紀律」「政治規矩」など、文化大革命後消えていた用語が復活したり、また新たに作られたりしました。中国政府・中共政権の言っている「政治」は、基本的に共産党の一党独裁政治体制を維持することです。そのため、中共政権が高く掲げている「法治」は、事実上特権階級の既得権益を守り、一党独裁の政治体制を維持するために反対勢力を鎮圧する道具に過ぎません。ただし、「一党独裁体制」のもとでの「党」の集団意思という抽象的なものは、本当は存在しないと思います。現在の中国の「政治」または「法治」は、あらゆる権力を手中にした個人として独裁を振るう最高指導者の個人意思にすぎません。

この点に関しては、力雄学兄はどのようにお考えですか。時間に余裕ができた際によろしくお願いします。

二〇二二年二月十六日

王柯

「人治」の蔓延する中国社会

王力雄　2022.2.21

王柯学兄へ

いまの中国では、二四文字のいわゆる「社会主義の核心的価値観」を唱えています*。そのなかには「法治」も入っています。しかしその「法治」の本質は、今の中国社会の現実に照らして検討する必要があります。本来、法治の意義は二つあり、それは社会の管理と権力の束縛です。どちらも欠けてはなりませんが、社会の管理よりさらに重要なのは、権力を束縛することです。しかし中国においては、社会管理のための法律は数え切れないほどありますが、権力を束縛するものがありません。専制主義体制下の権力は人民によって選ばれるものではないため人民の監督も受けませんし、法律を行使し、法律を執行するのは権力であるため、自分が制定した法律によって自分を制約させることは尚更あり得ません。自分たちも法律の束縛を受けなければならないと言っていても、実際にはできないことです。これは中国のいわゆる「民

「法治」の二つの意義――社会の管理と権利の束縛

＊「富強、民主、文明、和諧、自由、平等、公正、法治、愛国、敬業、誠信、友善」――二〇一三年十二月十一日の中国共産党中央委員会弁公庁による『社会主義の核心的価値観の育成と実践についての意見書』（関於培育和践行社会主義核心価値観的意見）で打ち出され、以降この二四文字から

なる「社会主義の核心的価値観」は、政治的イベントで時々取り上げられてきた。

当局を訴えてもそもそも立件されない

告官」（住民が当局を訴える）事件の勝訴率の低さからもわかります。二〇一〇年から二〇一四年まで、中国のあらゆる裁判所における「民告官」事件の勝訴率は一〇パーセント未満でした（二〇一七年一月十一日『中国青年報』）。

中国社会では、経済規模の拡張と都市化の急速な発展に伴い、住民と政府当局の間で土地と立ち退きを巡って衝突が大量に発生しています。しかし現実には「民告官」は、裁判所が立件した件数の何倍もが立件されていません。その原因は、一つには、各地域の最高権力者が同時に党の書記でもあり、裁判所もすべて党の指導の下で置かれているため、裁判所はそれに対抗する気を起こさないためです。そのため、裁判所はいつも各種の手続き上の不備を理由にして「民告官」の立件を阻止し、やむを得ず立件しても当局を敗訴にすることができません。こうなると、当局を訴える勇気があっても、訴訟を起こす住民は法律の知識を持っている弁護士の助けを借りなければなりません。そうした時には、中国では一群の弁護士（律師）が現れ、彼らは「権利擁護弁護士」（「維権律師」）と呼ばれ、「民告官」の事件を引き受けたり、法律訴訟に弱い被害者を助けたりしました。権利擁護弁護士は中国の法治の進展において重要な役割を果たしましたが、彼らがいなければ、二〇一〇年から二〇一四年にかけて九・一パーセントだった「民告官」案件の勝訴率は、さらに低くなったに違いありません。

「権利擁護弁護士」による司法闘争への貢献

権利擁護弁護士が、常に当局側に立つ裁判所で住民のために訴訟を起こす方法は、法律の解釈を細部まで真剣に追及し、司法当局による法律の手続きに誤りがなかったのかを厳格にチェックし、裁判所のいかなる責任逃れの文句や過失も見逃さず、裁判所に、法律に精通していない当事者を軽んずることなく法律に従って案件を処理させることです。そのような司法闘争が多発する中、このような「死磕《しかい》派」と当局または裁判所に呼ばれる弁護士集団が生まれたのです。

インターネットを通じた世論への訴え

「死磕」とは北京の古いスラングで、簡単に諦めず、相手と最後まで争うという意味です。「死磕派弁護士」は、法廷で事件の内容と手続きの手順などに拘ることで当局と裁判所が人々をごまかすことを防ぐだけでなく、事件と訴訟の経過をインターネットを通じて公開し、それによって社会世論の支持を勝ち取る方法も採用しました。こうした公開がなければ、たとえ住民自身が法廷で当局または裁判所による法律違反や手続き違反の問題を暴露しても、裁判所はまったく相手にせず、返事もしないで、勝手に当局の要求に従って不当な判決を下すことができるからです。しかしネット上で案件を公開すれば、「法治」の旗を振っている以上は当局は弁護士の行動を歪曲できなくなり、民意が当局を告訴した人や迫害を受けた弱者側に傾けば、世論の圧力で当局と裁判所も法律に従って行動せざるを得なくなります。この「死磕派弁護士」集団を中心に形成された「権利擁護」運動は、中国が法治国家になることにほとんど失望している人々に投げかけられた一条の光でした。

表向きは「法治」、実態は「人治」

しかし「死磕派弁護士」集団の存在も、専制主義体制にとって大きな挑戦と見なされました。中国当局は口では「法治」を説きますが、心の中では「人治」を好み、法律のコートを羽織って形式上で法律の手続きさえとればよいと考えています。ところが、「死磕派」の弁護士は中国の法律条文と法律手続きの運用に精通し、中国における「法治」の仮面を絶えず剝ぎ取り、「人治」の真相を世界と中国の国民の前に度々暴露していました。このような暴露は法治国家というイメージにとって致命的であり、当然当局にとってとうてい容認できるものではありません。

「七〇九弁護士大逮捕事件」での政治的迫害

かの有名な「七〇九弁護士大逮捕事件」をご存じかと思います。二〇一五年七月九日からの一ヶ月の間に、中国の警察は中国二〇以上の省と直轄市において二七〇人以上の弁護士（その大多数はいわゆる「死磕派弁護士」）を逮捕、拘束、喚問、または軟禁（「監視居住」）しました。「七〇九弁護士大逮捕」に引っ掛かった弁護士は「国家安全への危害」、「政権転覆」または「政権転覆の扇動」の罪を着せられて、様々な政治的迫害を受け、国営のテレビで罪を認めさせられる人さえいました。多くは弁護士の資格を剝奪されたため、法律関係の仕事ができなくなり、収入を失い、出国も禁止されました。当然のことですが、親に対する政治的迫害はその子供たちにも悪影響を及ぼしました。

この事件を本質的に言えば、自分の盾がまず自分の矛に突き刺されたかのように、法律上ではどうしても「死磕派弁護士」に勝てないと気づいた当局が、ついに我慢できずに「死磕派弁護士」集団に対して弾圧の手を下した、ということです。「七〇九弁護士大逮捕」は中国の「権利擁護弁護士」（「維権律師」）を一網打尽にし、中国の弁護士界は「噤若寒蟬」（寒いので鳴かなくなっ

住民側の勝訴率はさらに低下

た蟬のように口を噤む）の時代に入りました。法律を武器に当局に対抗する弁護士事務所は解散に追い込まれ、残った「弁護士」は当局に唯々諾々とする人しかいませんでした。「七〇九弁護士大逮捕」以前は、中国における住民が当局を訴える案件において住民側の勝訴率は一〇パーセント未満でしたが、いまは当局の意思に従って結審するしかありません。

「七〇九弁護士大逮捕事件」は中国における「法治」の真相と本質を説明する最も良い例です。どんなによい言葉を使っても、本質は専制権力が人民を支配することに奉仕する道具に過ぎません。権力者にとっては、法律がもともと存在しないようなものです。

英国人実業家ニール・ヘイウッド殺害事件

英国人実業家のニール・ヘイウッドの死亡事件（二〇一一年）はその一例です。ヘイウッドは当時の中国共産党重慶市委員会書記の薄熙来一家と親密な関係にありました。その後、薄熙来の妻である谷開来と個人的なトラブルが発生し、谷開来は薄家に奉仕する政府職員を率いてヘイウッドをホテルで毒殺しました。谷開来はその後、重慶市公安局の王立軍局長を呼び、ヘイウッドを殺害した経緯を説明しました。王立軍は谷開来に自分がこの件をうまく処理することを約束し、重慶公安局の名義でヘイウッドが「飲酒過剰」で死亡したと死亡原因を偽造し、検死も経ずに遺体を火葬しました。事件の真相が最終的に暴露されたのは、王立軍が薄熙来からビンタを食らわせられ、自らの命の危険を感じて米国の成都領事館に避難し、そこで谷開来の殺人事件を告発したためでした。当時は中国共産党の最高権力の継承を巡って権力闘争が激しくなった時期でした。事件は政敵が薄熙来を倒すために利用されたため、谷開来は殺人の罪に問われ、夫である薄熙来も連座して刑務所に入れられました。

「反腐敗」活動の本質は権力闘争

たしかにここ数年、中国共産党は「反腐敗」を唱え、多くの汚職官僚を捕まえましたが、しかしそれは「法治」を実行した証明にはなりません。中国の歴史上では、皇帝も同様に汚職官僚を捕まえ、反腐敗と廉潔な政治を提唱しました。中国共産党は毎年「反腐敗」活動を行っていますが、汚職官僚は捕まえても捕まえても増え、捕まえきれないことも明らかです。それは「法治」が欠けているためです。人治社会では、官僚はみな自分の地位以上の権力者を頼りにしています。そこにおいて「反腐敗」の名目で逮捕された汚職官僚は、ほとんどこれまで頼りにしていた後ろ盾が失脚したせいで自分も失

郵便はがき

料金受取人払郵便

牛込局承認

7587

差出有効期間
令和5年3月
31日まで

162-8790

東京都新宿区
早稲田鶴巻町五二三番地

（受取人）

株式会社 藤原書店 行

ご購入ありがとうございました。このカードは小社の今後の刊行計画および新刊等のご案内の資料といたします。ご記入のうえ、ご投函ください。

お名前	年齢

ご住所 〒

TEL　　　E-mail

ご職業（または学校・学年、できるだけくわしくお書き下さい）

所属グループ・団体名　　連絡先

本書をお買い求めの書店	
市区郡町　　書店	■新刊案内のご希望　□ある　□ない ■図書目録のご希望　□ある　□ない ■小社主催の催し物案内のご希望　□ある　□ない

書名		読者カード

●本書のご感想および今後の出版へのご意見・ご希望など、お書きください。
（小社PR誌『機』「読者の声」欄及びホームページに掲載させて戴く場合もございます。）

■本書をお求めの動機。広告・書評には新聞・雑誌名もお書き添えください。
□店頭でみて　□広告　□書評・紹介記事　□その他
□小社の案内で　（　　）　（　　）　（　　）

■ご購読の新聞・雑誌名

■小社の出版案内を送って欲しい友人・知人のお名前・ご住所

お名前　　ご住所 〒

□購入申込書（小社刊行物のご注文にご利用ください。その際書店名を必ずご記入ください。）

書名　　冊	書名　　冊
書名　　冊	書名　　冊

ご指定書店名　　住所

都道府県　　市区郡町

脚した者でした。言い換えれば、失脚の根本的な原因は汚職ではなく、権力闘争のために間違った後ろ盾を選んだためでした。このような現象が一般的になっているため、中国の「反腐敗」は一般社会では「選択的反腐敗」と嘲笑されています。

法を超越する存在としての中国共産党

「共産党の指導を堅持する」一方で、「法治社会の建設」を追求することは本来あり得ないため、現代中国の司法は解決できない大きな矛盾を抱えています。党は法を超越する存在であり、それは中国では周知の事実です。本来は立法機関であるべき各地の「人民代表大会」は、各地の中国共産党の組織の手先に過ぎません。各地の司法機関が大きな事件と重要な事件をいかに扱い、いかなる判決を出すかは、各地の中国共産党の「政法委員会」の決定に従わなければなりません。古代社会においては帝王だけが法律を破ることができましたが、今は各地の共産党組織が自分の管轄領域、地域において法律を無視し、判決を操ることができます。その結果、人々は権力者からの庇護を得られるよう奔走し、法律を軽視しています。共産党政権内部の権力者と結託し、それによって支えられれば、法律の存在を完全に無視しても構わないということです。

国が腐敗するほど法律が増える

中国の成文法はすでにたくさん存在し、しかも絶えず増えています。しかしまさに帝政期ローマの政治家・歴史家コルネリウス・タキトゥス（西暦五五頃〜一二〇頃）がいうように、「国が腐敗すればするほど法律が増える」。大量の法は法理に基づいて法律を体系化するためではなく、民意による検証も国民からの制約もなく、単に権力行使の利便性と各官庁部門の利益のために作られています。このような法律は往々にして合理性を欠いていて、互いに衝突し、実際には実行しにくいため、法があっても従わないことや法律違反を追及できないという結果を招き、最終的には「法を守る者の劣勢」という状況を醸成します。つまり、法律を守る人はかえって様々な社会競争の中で不利な地位に立たされ、生存しにくくなるのです。このような現状は人々に法律違反を余儀なくさせています。しかし「法不責衆」（法は衆を責めず）のような状況が拡大すれば、法律違反も追及しにくくなり、法律はこのような悪循環の中で権威を失い続けています。今日の中国社会で相対的に活躍している者は、法律の厳格遵守という基準で追及すれば、おそらくまったく問

法律違反の蔓延と法律の恣意的適用

法律はいつでも相手を死地に追い込むことができる武器

*シラクサの僭主ディオニュシオスが、髪の毛一本で吊るされた剣の下の王座に廷臣ダモクレスを座らせ、常に危機のもとにあることを悟らせた故事による。

題がないと言える人は少ないのではないかと思います。

注目すべきは、現在の中国の専制主義体制にとって、このような法律違反の蔓延はけっして悪いことだけではなく、むしろもう一つの統治手段の提供先ともなっているということです。つまり、違法な状況が普遍的であればあるほど、政権側がいつでも法律の名目で敵対勢力を脅かし、処罰することが容易になります。問題を見つけようとすれば必ず見つけられるので、誰も逃げられません。そのため、現在の中国の法律は、事実上すでに、歴史学者呉思さんが厳しく批判している「合法的傷害権」に堕落してしまいました。つまり、法律の内容自体は重要でなくなる一方、重要になってきたのは法律の適用であり、適用するか否か、いかに適用するか、どの程度まで適用するかは、すべて恣意的なものとなりました。法律はいつでも相手を死地に追い込むことができる武器になり、一人一人の頭の上に吊り下げられたダモクレスの剣*にもなったのです。それと同時に、法律はまた、資本金のいらない取引の材料にもなっています。「合法的傷害権」は自由裁量が許されるものなので、傷害を免除またはある程度まで軽減すれば、その報いを求めることができます。中共政権はまさにこのような手段を用いて、社会の服従、忠誠と屈服を取り付けています。

「合法的傷害権」という権力

これはもちろん法治ではなく、法治の精神に逆行しています。中国政府も「法律の前ではみな平等だ」と言っていますが、党が介入すれば（一般的には政法委員会によって「公安・検察と裁判所による共同裁判」の形を取る）、法はかならず無駄にされます。たとえ党が顧みるほどでもない普通の事件でも、法律の代わりに「合法的傷害権」はよく使われ、地方官僚、公安、検察と裁判所が恩義を着せ、利益を分け合い、取引を行う手段となり、為政者内部の権力闘争の武器ともなり、また官僚個人の詐欺、金儲け、報復の道具にもなっています。しかし残念ながら、法治の精神を完全に無視し、法律の恣意的な適用によって生まれた「合法的傷害権」は、今の中国にはどこにでも存在し、最も普遍的な権力の一つとなっています。

扇動される民族主義

現在開催中の北京冬季オリンピックについては、私はそれほど関心をもっていません。中国の現行の国籍法に照らしてみれば、誰でも谷愛凌の中国国籍が怪しいものだとわかります。国籍を管理している中国当局がそのことを知らないはずはありません。しかし、中国の国民の民族主義を扇動するために、どうしても金メダルが必要で、特に実力のある選手がアメリカ国籍を捨てて中国の国籍を選択したという神話を作れば、中国の民族主義者たちは大いに満足します。逆説的に言えば、このような心理はアメリカに対する自信不足の証ですが、幸い人民の言論の自由と知る権利を剝奪した中国においては、国民は彼女がアメリカ国籍も所持していて大会後アメリカに戻ることについてほとんど知らず、当局による民族主義の演出に騙されたままです。民族主義は、当局にとって絶対的に服従し盲目的に行動する民衆を作り出すための最良の道具なのです。

私は最近ずっと上海にいます。ここはやはり北京よりだいぶ暖かいです。日本はまだ寒いでしょう。寒さにお気を付けください。

二〇二二年二月二十一日

王力雄

中华人民共和国万岁
世界
结万岁

6 言論統制——情報遮断と暴力による弾圧

既存メディア・セルフメディアへの統制

王柯 2022.2.23

力雄学兄へ

最近の報道やソーシャルネットワークを通じて、中国では人々の私生活を含め、警察が社会の隅々まで介入し、暴言や暴力を振るうのをよく目にします。なぜここまで警察が威張るようになったのか、やはり中国政府の言う「法治」そのものに関係していると思わざるをえません。中国政府は、警察機関を通じて行っている統制、管制、取り締まり、弾圧を、すべて「法治」（法に基づく行動）であると主張します。警察の暴走は、けっして警察自身の問題ではありません。「警察国家」とも言われているように、中共政権は警察を全社会を厳しく統制する道具として使っています。ごく最近のことですが、二〇二一年十二月、中国政府教育省は、二〇二二年五月からあらゆる小学校・中学校[*]に公安警察または司法当局関係者を「法治副校長」として受け入れる、という規定を出しています。このようなことは、民主主義国家なら想像すら

「法治」の名を冠した「警察国家」

＊中国の教育体制は中高一貫で、高校＝「高中」は中学校の一部となっている。

できないことです。日本では、警察が大学に入っただけで「大学の自治」への侵害として非難され、小中高の学校内で起こったことに関して警察の介入を求めることは「教育の放棄」と受け止められます。一部の国では、学校に警察を常駐させる例も見られますが、その警察官はあくまで学校の生徒と教職員を守るために存在し、中国政府が派遣する「法治副校長」とは立場が根本的に違います。

「法治副校長」――教育への警察の介入

中国の「法治副校長」は、「学校における習近平法治思想学習と宣伝を推進し、学校の法治教育の計画設定に参加し」、「教員に法治を宣伝し、道徳と法治教育を担当する教員を指導」し、教育責任者としての権限が与えられました。さらに、この規定は「法治副校長」が「毎年少なくとも四時間以上の法治実践教育の授業を担当」することも明記し、警察関係者の教育への介入をむしろ積極的に求めています。しかしこれは明らかに中国の『教師法』に抵触しています。一九九三年に制定された『教師法』によれば、教育活動は「教師」の権利（第七条）であり、そして「教師」になれるのは相応の学歴がある国家教師資格試験の合格者に限られる（第十、十一条）とも規定されています。本職が警察である「法治副校長」に関しては、学歴も教師資格も問われていません。このような「法治副校長」は、第二次世界大戦中の日本の学校にいた「配属将校」、文化大革命期の中国の学校の「軍の代表」を彷彿とさせますが、犯罪の容疑者を認定し、犯罪容疑者を拘束する「合法的権力」を持つ警察関係者を、小中高等学校の責任者として迎え、教育に介入させることは、さすがに前代未聞のことで、専制主義体制はついにここまで来たのかと絶句してしまいます。

「法」と「法の執行」が別物になっている

これは明らかに「警察国家」ですが、中国の国民と国際社会をだますために「法治」の衣をまとっています。力雄学兄が取り上げた呉思先生の「合法的傷害権」という概念は、このような「中国的法治」という虚構の本質を理解する上で本当に役に立つ導きになります。簡潔に言いますと、中国においては、法と法の番人による法の執行とが事実上別物であるということです。たとえば、中国の『憲法』にも人権・民主主義・言論の自由・報道の自由などが書かれていますが、それがそのまま「現実の中国で人権・民主主義・言論の自由・報道の自由が許されている」ということにはなりません。「法」

があるかどうかは確かに重要ですが、たとえ「法」と呼ばれるものが存在しても、その「法」を誰が誰のためにどのように運用するのか、これこそ今日の「中国的法治」を理解する上でいっそう重視すべき核心的問題です。

呉思先生が言うには、公権力が付与されたため、「他人を合法的に傷つける力を持っていることを、官僚たちは本能的に意識しています」。そのような本能は、官僚の私利私欲に由来します。「合法的傷害権こそ貴重なもので、このような権力を手に入れれば、金がそこに集まるし、金が集まる仕組みがなかったところにも、金が集まる仕組みが生まれます。」そのようなルールは、呉思先生によって「潜規則[*]」と表現されます。「力関係があれば、そこに潜規則が誕生します。たとえそれが違法であっても、迂回して合法化することができます。たとえば、警察に対する賄賂を、住民たちが警察の労をねぎらう気持ちで自発的に集めた小銭だと言えば、それを批判できなくなります。」

そこで、人々は「正式な規定はどうであれ、合法的傷害権を握る人こそ最も偉い、本当の実力者（「牛气」）である」と悟り、争って「合法的傷害権」を持つ官（官僚）吏（警察）に賄賂を渡します。「人々が官吏を恐れ、官吏に賄

「合法的傷害権」を握る人こそ最も偉い

＊不文律、unspoken rule, unwritten rule、明文化されていない規則、暗黙のルール、暗黙の掟。

賂を渡す目的は、けっして官吏から何かをもらえるということではなく、そうしないと官吏に傷つけられる恐れがあるためです。」

テニス選手の彭帥も「潜規則」の犠牲者

呉思先生が「合法的傷害権」という概念を打ち出したのは、二〇〇一年に出版した名著『潜規則——中国歴史中的真実遊戯』（雲南人民出版社）でした。私を含め、おそらく多くの中国人がこの著作で記憶したのは、呉思先生が作った「潜規則」という用語でした。「潜規則」の誕生によって、多くの中国人は初めて政界、司法界、メディア、芸術スポーツ界を複眼的に見るようになり、力関係に基づく「権銭交易」（権力を金に変えること）、「権色交易」（権力で色を漁ること）など社会の暗部のルールにいっそう気づきました。たとえば、二〇二一年十一月二日に、テニス選手の彭帥《ほうすい》さんは中国の元最高指導部メンバーに性的関係を強要されたことをインターネットで告発しましたが、後にまた、強要されたことを自ら否定しました。この事件について、知人の中国人の多くは彼女が「潜規則」の犠牲になったと考えています。

社会不正は個々の官吏の問題だけではない

ただし、「潜規則」ばかり強調すれば、中国において社会不正が多発する原因を、官吏の個人的資質と安全を希求する人間性の弱点に押し付けてしまうかもしれません。しかし多くの事実からわかるように、多くの社会不正はけっして個々人の官吏によって決められることではありません。例えば、彭帥さんの告発はわずか三〇分後にネット上から完全に削除されましたが、ほぼ同じ時期の二〇二一年十月二十一日に、ピアノ・プリンスと呼ばれた第一四回ショパン国際ピアノコンクール優勝者の李雲迪が買春容疑で北京の公安当局に逮捕されたことは、直ちに多くのメディアによって報道され、その記事はいまだにインターネット上に残っています。

メディアへの厳しい規制

　中国ではメディアも当局の厳しい規制を受けています。しかし中国のメディア報道を見れば、そこにも多くの「潜規則」があると感じます。繰り返しになるかもしれませんが、徐州の農村で「首に鉄の鎖で監禁された八人の子供の母親」の事件について、政府系のメディアは、事件が一月二十八日に発覚してから二〇日間経っても事件が存在しないかのように一切報道しませんでした。しかし二月十七日に江蘇省政府が民間の圧力を受けて調査チームを立ち上げると発表すると、メディアはたちまち一斉に「政府の正義の行動に涙を禁じ得ない」と歯の浮くような賛辞を送り始めました。

セルフメディアとSNSの閉鎖

しかしここに至るまでに、多くのセルフメディア（self-mediaまたはwe media）とSNS（ソーシャル・ネットワーキング・サービス）が政府によって閉鎖されました。清華大学法学部の労東燕教授は政府に事件の真相の調査と公表を求め、インターネットで「真実の世界に直面しよう」という文章を発表しましたが、わずか二時間後、文章を掲載したウェブサイトは政府のインターネット管制部門によって閉鎖されました。しかし今回の事件の展開からもわかるように、鎖でつながれた女性の動画はたちまち拡散しています。正義を求める民間の声を完全に封鎖することは非常に難しく、真相究明を求めることで罰を受けることは、さらに多くの人から反感を買いました。中国政府による言論統制は本当に理解に苦しむことばかりです。

梁啓超の「三大自由」

梁啓超（思想家、ジャーナリスト、一八七三―一九二九）は一九〇一年にすでに「思想の自由、言論の自由、出版の自由」の「三大自由」は近代の「一切の文明の母」であるとして、それを実現することの重要性を指摘しています。* しかしそれはいまだに実現できておらず、状況はむしろその時代よりも酷くなっています。力雄学兄も私もこの中国政府の言論統制の被害者ですが、今

＊梁啓超「本館第一百冊祝辞並論報館之責任及本館之経歴」、『清議報』第１００期、一九

から一二〇年前の梁啓超の夢は中国で本当に実現できるのでしょうか。中国はいつになればはじめて近代国家になるのでしょうか。それを考えると、いつも愴然とします。

二〇二二年二月二十三日

王　柯

〇一年十二月：張枬、王忍之編『辛亥革命前十年間時論選集』第一巻上、北京：三聯書店、一九六〇年四月、四四頁。

外部情報は遮断し、内部情報は統制する　王力雄　2022.2.25

王柯学兄へ

党宣伝部による世論の「統制」と「誘導」

中国共産党は毛沢東の時代から、「銃とペン」(「槍桿子」と「筆桿子」)を政権奪取と政権維持の最も重要な要素としてきました。銃は支配を支える軍事力を意味し、ペンは宣伝とマインドコントロールの道具を指しています。中国共産党の組織の中で、宣伝部は終始最も重要視される部門であり、現在は中国各地の党委員会のなかで宣伝部長の職はかならず常務委員によって兼務され、中央委員会の宣伝部長は、最高指導者の福建省責任者時代の部下でした。中国共産党が政権をまだ取っていない時期には、宣伝部の主な仕事は、まさに「宣伝」(プロパガンダ)そのものであり、宣伝を通じて洗脳することでした。一九四九年以降は大陸において専制主義体制を樹立したため、中国共産党宣伝部の主な仕事は相変わらず洗脳ですが、手法は大きく変わりました。中国共産党宣伝部はあらゆる通信社・新聞・ラジオ放送(後にテレビも)・

出版・文学文芸などの領域を管轄下に置きました。これらの伝統的なメディアは、宣伝部の指導の下で、「世論の誘導」を行いました。それと同時に、宣伝部はもう一つの重要な仕事も始めました。それは「宣伝」ではなく、「世論の統制」でした。宣伝部の指導のもとで、国外からの情報は完全に遮断され、そして国内においても中国共産党系以外のメディアがすべて閉鎖され、中共の意見と一致しない声はすべて禁止されました。

記者・作家も命運を握られている

一九八〇年代の改革開放の時代に、一部のメディアにある程度の報道と出版の自由を与えましたが、宣伝部はなおメディアの生殺与奪の権を掌握し続けました。メディアが生き残る第一の要義は、党が必要とする情報と観点を伝え、党の意見（もしくは某指導者個人の意思）に異議を唱えるものは絶対伝えないことでした。そうでなければメディアは閉鎖されます。宣伝部は、メディアだけではなく、記者や作家の運命も決める権力を持っています。その言論と執筆が宣伝部によって異端視されれば、解任されたり、発言や著作活動を完全に禁じられたり、罪に問われたりして、記者は仕事を失い、作家も作品を発表できなくなります。たとえば、『人民日報』記者・ノンフィクション作家の劉賓雁は中国共産党幹部の腐敗などを批判した文章を発表したため、一九五〇年代、六〇年代、八〇年代に『人民日報』から三度も除名され、二度も強制的に北京から遠く離れた農村地帯に送られて数年間の農業労働に従事させられました。私と妻の唯色もこのような執筆の権利を奪われた作家であり、私たちの重要な作品のほとんどは海外においてしか発表できません。

未だ真実が隠された毛沢東時代の大飢饉

情報をコントロールし、宣伝して洗脳を行うために、宣伝部はメディアを長期にわたって厳しく統制してきました。その統制は伝統的なメディアが主流だった時代には効果的でした。一例に過ぎませんが、毛沢東による「大躍進」など一連の経済政策の失敗により、一九五九年から大飢饉が起こり、三年間に数千万人（一千万～五五〇〇万人、諸説あり）が餓死しました。しかし中国の国民は今でもそれは「三年間の自然災害」だったという宣伝を信じており、死亡人数についても知らないままでした。

外部からの思想と情報の遮断

当局に異議を唱える声のない社会環境と世論環境を作るために最も重要なことは、まず外部からの情報と思想を完全に遮断することです。これによって当局が思うままに世界像をでっち上げることができます。外部からの思想と情報の遮断はまさにマインドコントロール（洗脳）の第一歩であり、またそれによって洗脳の効果が初めて得られます。まさに北朝鮮のようで、世界は北朝鮮の人々の貧困と不幸を知っていますが、北朝鮮の人々は自分たちが世界で一番幸せだと信じています。

「防火長城」による外部情報の遮断と国内の情報管制

ところで、ＩＴ時代になると、インターネット上における情報の自由な伝播と大量に誕生したソーシャルメディアによって、横につながった情報ネットワークが形成されました。これは一時的に、専制主義体制の世論と思想の統制にとって新たな難題となりましたが、しかし中国政府はすぐインターネットをコントロールできるかどうかは政権の存亡に関わる（中共政権の言い方では、政権の存亡は「国家の安全」と表現されます）と警戒心を高め、ハイテクを借りて、より広範な新しいコントロールモデルを構築しました。一方、インターネットを瞬時に遮断できる世界最大規模のシステム──「防火長城」を立ち上げ、中共政権にとって都合が良くない海外からのすべての外部情報を完全に遮断しました。現在、世界の有名なウェブサイトとソーシャルメディアは、ほとんど中国国内で見ることができません。他方、国内のインターネットに対しても、技術的な手段でキーワードをフィルタリングし、いわゆる「デリケート」な話題をネットから完全に排除するようにしています。習近平政権が誕生後、中共政権のインターネットに対する管制はいっそう厳しくなりました。二〇一四年に「中共中央委員会ネット安全と情報化指導小組」（組長と副組長は、国家安全委員会主席と副主席を兼務する習近平共産党総書記、李克強首相）と、宣伝部に置かれた「中共中央委員会ネット安全と情報化指導小組弁公室」（「網信弁」）が新設されました。その責任者が「ネット・ツァーリ」（「網絡沙皇」）と呼ばれるほど絶大な権力を持つ「網信弁」は、ネット上の言論を厳しくチェックし、当局への不満、また当局にとって都合が良くない発言がネットに出れば、サイトをたちまち閉鎖し、サイトを持っている会社も厳しい処罰を受けます。「網信弁」の圧力によって、各インターネット会社は膨大な審査部門を設立させられ、当局の不満を引き起こす可能性のある内容をすべて削除せざるを得なくなっています。

ネット警察によるネチズンの取り締まり

しかし、数が限られた伝統的メディアと異なり、インターネット上においては自ら取材・編集して発信するセルフメディア（self-mediaまたはwe media）

とソーシャルネットワークが大量に誕生しました。素直に宣伝部の統制を受け入れる伝統的メディアと異なり、ウェブ好きのネチズン（network citizen、ネット内の市民）たちはかならずしも宣伝部の統制を素直に受け入れません。ネット技術を使う「網信弁」の審査も賢いネチズンたちによって簡単に突破されます。そこでネット上の言論の取り締まりに警察の力が動員されました。この目的のために、中国には新たな種類の警察――ネット警察が設立されました。

インターネットの言論統制は反人類的

今日の中国は警察国家であると言っても決して過言ではありません。中共政権は警察力を「銃とペン」と並んで政権の「刀」（「刀把子」）と呼び、警察の権限をますます拡大させ、警察力を強大にするためにますます多くの予算を投入しています。ネット上の監視も加えて、中国の社会監視システムもビッグデータもみな警察部門によって運用されていると考えられます。ネット警察部門は、事実であるか否か、社会にとって有益か否かを問わず、たとえそれが正しいことであっても、政府が人々に知ってほしくないことをネット上で書けば容赦なく取り締まります。しかしこのような言論統制、特にネット上の言論統制は実に反人類的なもので、そのような情報封鎖によって人類社会が苦しめられ、億単位の人が命を失うかもしれないことは、すでに今回の新型コロナウイルスの大流行によって証明されています。

新型コロナウイルス発生の情報秘匿

二〇一九年十二月末、「武漢市中心病院」の李文亮医師など八人の医師は新型コロナウイルス発生の情報をキャッチし、いち早く同僚と友人たちに疫病の大流行の警鐘を鳴らしました。しかし武漢の警察当局は「インターネットで事実ではないデマを流布した」として、二〇年一月一日に八人の医師に対して「警示と訓誡」の「処分」を行い、李文亮医師に対して、「誡告書」にサインさせた上で、今後ネット上で疫病に関する話をすれば法的手段を講じると言い渡しました。このニュースは一月二日に、中国の中央テレビを始めとする全国の主要メディアによって一斉に報道されました。これによって世界は、新型コロナウイルスを最初の段階で撲滅してパンデミックを防ぐ最良のチャンスを失い、懲罰を受けた李文亮医師自身も後に感染して二月六日に亡くなりました。

ネチズンへの見せしめ的取り締まり

警察力を言論統制に導入した最大の目的は、言論者を威嚇することだと考えられます。最近では、ネット上で、国境紛争での中国軍人の死傷者数を疑問視したり、中国共産党が立てた「英雄」について不敬な言葉で議論したり、交通警察が取った罰金に文句を言ったりして、逮捕されたり、指名手配されたり、投獄されたり、さらに厳しい場合は「国家政権転覆を扇動した」として刑を言い渡されたケースもあります。注目すべきは、当局はこのような警察の横暴をまったく隠さず、ネット上で起こった反応も排除しないことです。このような厳しい処罰が広く知られてこそ、ネチズンに対する脅迫はより効果が大きいと考えているようです。ネットユーザーたちに対して、鶏を殺してサルに見せるような方法が取られて、ネット上の発言は一般の「言論罪」(「因言獲罪」)よりも与えられる罰が重いことを示しました。ネット警察がいくら多くても一〇億人以上のネットユーザーをいちいち監視することはできないので、ネットユーザーに警察力の恐ろしさを覚えさせれば、すべてのネットユーザーに自分で自分を管理させ、彼らが当局に異議を唱える勇気を失い、当局の好ましいことだけを言うようになると考えたのです。

「新型コロナ封じ込め」という虚像

警察を大量に投入して人々の反発を抑えたため、中共政権は最高指導者

（「一尊」）の強い指導力の下、全国に一つの雑音もなく、人々が心を一つにして、迅速かつ効率的に新型コロナウイルス感染拡大の防止に成功したという仮の姿を世界に伝えました。これは一部の権威主義国家が民衆の反発を無視する口実にもなっています。確かに、疫病の伝染を防ぐために最も効果的な手段は、自由を制限し、人々の行動を制限して互いに隔離させることです。このような手段は専制主義体制にとっては慣れたもので、彼らはこのような能力に長けています。民主主義体制にとっては感染拡大防止において挙国体制のように効率的ではありません。その理由は、民主主義社会には自由な空間が常に存在し、異なる意見の発生とその表現が許されているからです。異なる意見があれば当然議論と言い争いが生じ、効率性に影を落とします。

「ゼロウイルス」への固執

世界各国がみなウイルスの完全撲滅を望んでいる時期に、中国のような専制主義体制は疑いなく最も効率的で、またそれなりの効果を得て、経済活動をいち早く回復させました。一方、民主主義国家においては政府が国民の自由を厳しく制限できず、同時に経済活動と生活必需品の生産が確実に感染拡大の悪影響を受けています。ここ二年間の中国の輸出増加の理由はまさにここにあります。ところで、民主主義諸国では、意見対立によってウイルスをゼロにすることができないうちに、ウイルスとの共存（「ウィズウイルス」、「ウィズコロナ」）という状態を無意識に作り出し、国民的免疫体制を形成するための下地を整えました。そのため、適切なタイミングで全面開放をすれば、生産も迅速に回復することができると思います。一方、中国はウイルスの完全撲滅（「清零」、「ゼロウイルス」）を専制主義体制の優越性の証明と結び付けているため、これからもこれに固執する道を進み、最終的にウイルス禍から脱出できないジレンマに陥る可能性があります。

国際社会のネットワークからは孤立へ

専制主義体制にとって、様々な点で、ロックダウンと地域封鎖を意味するウイルスゼロ政策はけっして悪いことではありません。疑いなく、全世界全人類の指導者として認められたい者は、本心ではウイルスゼロの政策に固執していきたいのです。しかし世界中がウイルスと共存するようになると、中国政府のウイルスゼロ政策はさらに難しくなるのも当然のこと。一つには、ウイルスの伝播を防ぐために中国政府は厳重な注意を払い続け、鎖国体制を敷かなければなりません。しかしそれによって中国は自らを国際社会から隔離させ、世界各国は中国を外した独自のサプライチェーンと交流交易ネットワークを構築していきます。中国がその事態に長く耐えられると思いません。

他方、ウイルスを国境線の外に止めることは実に難しく、たとえ一時的にはできても、そのうちにウイルスがかならずある隙間から中国に入り込み、そして広がります。このような事態が発生すれば、中国は、かつて栄えたアステカ文明が十六世紀にメキシコに上陸したスペイン人によって持ち込まれた病原菌で衰退したような運命を避けることができるでしょうか。このような時になって初めて、表面的に挙国一致に見えた専制主義体制と、混乱と対立と共存している民主主義国家の、どちらが本当に効率的であるかが立証されると思います。専制主義体制が効率的であると思われたコロナウイルスの感染拡大防止においても、優位性が逆転する可能性が大いにあります。

専制主義と民主主義、どちらのウイルス対策が効率的だったか

革新は自由な土壌においてしか生まれない

独裁者個人の成功が何よりも重要視されていたため、専制主義体制における政策転換は難しいものです。まして、思想と言論の統一を目指す社会において、本当の意味のイノベーションはほとんどあり得ません。本当の革新は、画期的な突破性があり、既存の体系から飛び出した、新しい哲学思想の下で

初めて生まれます。このような革新を実現した人は必ず人類社会を考え、歴史を変える志を持っているに違いありません。しかし、そのような革新は自由な土壌においてしか成長せず、多様性を認める社会のあり方が必要です。専制主義体制は、政権のために、指導者のために、既存の体制のために永遠に働く「錆びない小さなネジ」(「永不生銹的螺絲釘」)になることを目指す人間しか認めず、人類の未来を考える人間の存在を許すはずはありません。専制主義体制では、すべてのことが「一尊」(最高指導者)によって定められると決まっています。そのために、人間が追求することを許されている唯一のことは「一尊」を満足させることで、人々は「一尊」の決めた枠組みの中でしか行動できません。すべての監視管制、言論審査、世論統制、暴力弾圧はこの目的を達成するために存在しています。「一尊」という低い屋根の下に頭ばかり下げていれば、人間は大人物に育つわけがありません。

自由な社会とそうでない社会の根本的違い

専制主義体制の能力はせいぜい世界にすでに存在するものの真似に限ります。毛沢東時代の中国のように、数千万人を餓死させたにもかかわらず、核兵器と人工衛星を作ることができました。今日の北朝鮮も超音速ミサイルを発射して世界を驚かせましたが、すべては他人の後ろについていて、独創的ではなく、挙国一致ですべての資源をつぎ込んで単一の目標を実現しただけです。画期的な変動を伴う大きな革新は、専制主義体制で考えても許されないことです。これが自由な社会と自由を許さない社会との強弱、勝負を最終的に分ける根本的な違いです。

今日の中共政権が目指している目標の核心は、全国を一致させ、一つの声を聞き入れさせ、一つの意思に従わせ、一人の指導者を崇拝させ、最高指導者のわがままをひたすら実行させることです。このような中国は、最終的にはますます世界から離れ、ますます革新力を失い、かつて改革開放時代に形成され蓄積された自由な精神、革新の活力と社会的富がますます消耗され、最後には取り返しのつかない衰退に向かうに違いありません。ただそのような日がいつやってくるのかを、計量経済学のように測ることはできません。

二〇二二年二月二十五日

王力雄

7　すり替えられた民族主義
——扇動される愛国主義

中国の「民族主義」はどこへ向かうのか

王柯　*2022.2.24*

立法も行政も司法も一党独裁体制のため

力雄学兄へ

おはようございます。今日は晴れで、季節の歩みを実感します。

立法も行政も司法もすべて共産党の指示で動き、軍も警察も根本的に共産党による一党独裁体制の維持のために存在しています。これは今の中国の政治体制を理解するための極めて初歩的な知識で、中国共産党の「宣伝部」が総括する言論統制システムはその典型的な例です。一党独裁体制に反対する声、当局にとって不利な声を完全に消滅させるために、通信社、新聞、放送、出版部門はすべて党宣伝部の下部組織とされ、あらゆるネットワーク会社とあらゆる形の文化文学文芸文筆活動はすべて宣伝部の審査を受けなければならず、関係する政府部門も警察も裁判所も、党宣伝部の指図で免許を取り消したり、組織を解散させたり、異議を唱える者を拘束して犯罪者として刑務所に送ります。

当局による言論統制を受けた「自己審査」

中国当局による厳しい言論統制は、私も経験したことがあります。約一〇年前、近代中国の民族国家（nation state）思想の誕生についての研究書を中国のある出版社から出すことが決まりました。見本まで出来ましたが、ちょうど習近平政権が登場した時期と重なり、出版社はすぐに出版するのを躊躇して、さらに政治審査に出しました。最終的に、その本の正式版を世に問うには至りませんでした。「民族」とは、政治的に「デリケートな用語」（「敏感詞」*）になっているためだと言われました。中国特有の書籍出版時の「政治審査」は、時として理不尽なものでした。日中間の相互理解のため、かつて「日本首相回顧録」の翻訳シリーズを企画し、すでに数冊出ていました。しかし福田赳夫首相の回顧録を出版した際、「日中平和友好条約」を締結する経緯についての記述の中に、尖閣諸島（中国語では「釣魚島」）問題に関する内容がありました。中国の意見に反するものであるため、その部分を本から削除するようと言われました。他人の回顧録に記述されている本当の歴史なので、削除は改ざんに等しく、それはできないと粘りました。結局「注」を付けてそれが日本人の意見であるとわざわざ説明することで妥協しました。その数

＊「敏感詞」は使い方がチェックされる単語（たとえば「天安門」は、「天安門事件」には使えないが「天安門と毛沢東」などであれば良い）で、「違禁詞」は使用自体が禁止された単語（たとえば「6・4」（天安門事件）など）。

回の経験から、以前から、中国において文章を発表する際は、まず政治的にデリケートなことに触れていないかどうか、中国の友人に迷惑をかけないかどうか、とまず自己審査を行い、そうならないように書き方に気をつけていました。しかし、私が関心を持っている領域はすべて中国政府にとってデリケートなものなので、諦めざるをえなくなりました。

発信者だけではなくサイト運営企業にも厳罰

　中国のインターネットにおける言論がさらに厳しい管制を受けていることはよくわかりました。「天安門事件」（「六・四」事件）、「法輪功」などの用語を「違禁詞」として完全に禁止する以外にも、様々な組み合わせを加えて、「敏感詞」は現在すでに数万語まで増えたと言われています。ＳＮＳでそのような「敏感詞」とデリケートな話題に触れると、発信者だけではなく、サイトを運営する企業も厳しい罰を受けることになります。そのため、ネット警察（「網警」）だけでなく、企業自身も投稿内容の審査体制を作りました。

ネット検閲の過大な負担

　二〇二一年三月二十日のイギリスＢＢＣの中国語サイトに、二〇二一年にアメリカに来た劉力朋氏のインタビュー記事が掲載されました。彼は二〇一一年から二〇一三年まで微博《ウェイボー》のネット審査員を務めていました。彼の話によれば、削除されるまたはアップ禁止の「敏感詞」は最初一日十数個でしたが、そのうちに一日数十個になり、最後には一日二〇〇以上の「敏感詞」に関する「指令」を受けるようになりました。「上から指令が来て、『政治事件が発生したため、それと関連性のある用語または話は全部削除し、またはアップさせないようにしなければならない』というような内容ばかりでした。」文章だけではなく、投稿動画の内容もチェックされています。劉の話によれば、動画は文字のようにチェック・フィルターに引っ掛からないため、動画共有サービスTikTokなどを運営する中国のテクノロジー企業「字節跳動」(ByteDance、バイトダンス)には、一日二十四時間体制で投稿動画の内容を目でチェックする「内容管理員」が二万人います。最近、「ネット警察」や各企業のネット審査人員の過労死と突然死が話題になっています。「字節跳動」はすでに大幅増員しましたが、二日前の二月二十二日に二十八歳の内容管理員の突然死と残された妊娠中の妻の訴えによって、彼らが「996.ICU」(朝九時から夜九時まで週六日勤務し、最後に病気で倒れた時にはすでに手遅れでICUに送られる)という状態に追い込まれていたことがわかりました。内容チェックの仕事量が大幅に増えたことから、インターネット上における言論統制がいっそう厳しくなったことがわかります。

中国のネット空間における相反する二つの流れ

ところで、厳しい言論統制が敷かれた中国のネット空間を覗くと、そこに相反する二つの流れが同時に存在することに気が付きます。まず一つの流れとして、政権に対する不満と社会に存在する不公平に対する不満をもっている人は決して少数ではなく、彼らは様々な方法で中国政府によるインターネット上の封鎖を突破し、事件の真相を伝えることに努力しています。

隠語を使った政府批判

おそらく漢字を使う中国人による独特の発明でしょうか、たとえば、発音が同じ漢字を使って意見を表明します。その例は、「皿煮」（「民主」）、「滋油」（「自由」）、「塩輪籽油」（「言論自由」）、挡（擋）／裆（襠）と挡中央／裆中央（中共「党」と「党中央」）、「光腚肿（腫）菊／光腚」（ラジオ・テレビを総括する「広電総局」の）などがあります。また、漢字を改造して中国政府に対抗します。その例は、「VIIV」（六・四、中共政権が民主化運動を鎮圧した天安門事件の日）、「番羽土啬」（「翻墻」は中国のインターネット封鎖を突破すること）、「拱」（「土共」で近代思想を拒否し続ける中国共産党を諷刺）、「天朝」・「王八朝」（清朝の自称「天朝」

に因んで、スッポンにたとえて中華人民共和国政権を諷刺）などがあります。ネット上にあるチェックと封鎖を突破するために意味をはっきりさせない表現方法はネット上に氾濫しています。中共政権の言論統制によって、中国人の言語表現がすでに破壊されていると心配する声も上がっています。

新型コロナウイルスの隠蔽に対するネチズンの批判

最も印象深いことは、二〇二〇年三月十二日に中国のインターネット上に多くのネチズンが一致団結して、政府によって削除された武漢の医師のインタビュー文章を復活させたということです。その日に、中国の雑誌『人物』に「ホイッスルを渡した人」という文章が発表され、内部告発者を示す「ホイッスルを吹く人」に因んで、李文亮医師が新型コロナウイルスの発生蔓延を同僚や友人たちに警告した情報の入手ルートを紹介しました。しかしその文章は午前中にあらゆるメディアやネットサイトから削除されました。コロナ感染に関する情報をいまさら隠蔽するのかと、これは多くの中国人を怒らせました。多くのネチズンがインターネット審査を突破するために、事前にダウンロードした文章を文言文体、甲骨文体、金文体、西夏文体、篆書体、隷書体、点字体、モールス符号、そして英語、フランス語、ドイツ語、日本語、エスペラント語、国際表音、など百に近い字体と言語に転写か翻訳をしたと読みました。実はその二日前、つまり三月十日に習近平はコロナ禍が発生してから約三ヶ月経って初めて武漢を訪れ「視察」しました。そのため、この文章の発表とネチズンらの行動は、政権のコロナ対策に対する不満の表れと受け止められても当然のことです。

政府を批判する人を攻撃する人々

しかし、もう一方では、インターネット上ではおよそ二〇一六年前後から、中国社会にある社会的不平等と不公平に対して目を瞑り、様々な問題で中国政府を支持し、指導者をおだて上げ、中国政府と中共政権を批判する人を非難攻撃するという大きな流れも見られます。特に対米関係、対日関係、香港問題、台湾問題、チベット問題、ウイグル問題などにおいて、一部のネチズンは完全に中国政府の立場に立ち、本来中共政権に対する批判も必ず民族主義の側面から捉え、「中国の顔に泥を塗っている」「中国を侮辱している」「反中勢力から金をもらっている」と断言し、「親米派」「親日派」「売国奴」「漢奸」だと罵倒し、芸能人であればその作品やCM出演している会社の商品に対するボイコットを呼びかけ、中国内の人ならば「中国から出て行け」、海外に住む人ならば「いくら遠くても必ず誅殺する」と脅迫しています。そのような民族主義的動きは、中国国内に止まらず、外国企業のＣＭを「中国人への侮辱」というレッテルを貼ってボイコットしたり、集団で外国政府機関のネットワークを攻撃したりして、チベットのダライ・ラマと面会したアメリカ人歌手レディー・ガガの作品も彼らのボイコットの対象にされていました。

「周縁の民族主義」の現在

　このような現象について、私はかつて主に若者や社会的地位が相対的に低い層の行動と見て、「周縁の民族主義」として分析したことがあります。しかし最近の動きを見ると、これほど民族主義に夢中になっているのが、いったい自らの存在感を示したいためのものなのか、それとも中国政府による洗脳の結果なのか、だんだんわからなくなっていました。たとえば、前に紹介した劉力朋氏によれば、彼のような中国の青年たちはＩＴ企業に就職すれば、何の訓練も受けなくてもすぐネット投稿文章に対する審査の仕事を担当できます。「中国の洗脳は相当成功していると思います。中国に生まれ、中国の基礎教育を受けて大卒であれば、当たり前のように中国的ポリティカル・コレクトネスと政権が考える敏感詞を理解しています。」

民族主義を愛国主義に、愛国主義を中国政府擁護にすり替える

中国政府による洗脳が効果を上げた秘訣は、民族主義を「愛国主義」に、そして愛国主義を中国政府擁護にすり替えたことです。国のためと標榜すれば、必ず民族主義者からの援護を受けられます。しかし、いったん彼らが自分の「愛国心」が援護の対象から馬鹿にされているとわかれば、すぐさま相手を「売国奴」「漢奸」など彼らからみれば最も汚い言葉で罵倒します。また、たとえば、二〇二二年二月現在北京で開催中の冬季オリンピックで、アメリカ人の父親と中国人の母親の間に生まれてアメリカで育ち、中国代表として金メダル二個と銀メダル一個を取った女子スキー選手谷愛凌に対する態度を見ると、そう単純ではないとも思いました。二重国籍を持つといわれている谷が中国代表としてメダルを取ったとき、多くの中国の若者がかなり興奮しました。ところが、大会終了後、谷がまたアメリカに戻ることを知ると、彼らはまた谷を金のために中国代表になっただけ、と人格を全否定して罵倒しました。このことから、中国の若者の民族主義的行動は、やはり社会の周縁にいる自分の存在価値をアピールする手段に過ぎないことが分かりました。

彼らは、その手段の材料になる「民族」の「誇り」にしか関心を持たず、その材料を作った人に対してけっして本心で尊敬しているわけではありません。実際は、中国の民族主義者のなかに多くの計算高い利己主義者が存在すると感じました。

自由主義に憧れる「沈黙の大多数」の存在

二月十一日、ワシントンDCに本部を置くアメリカの最も有名なシンクタンク戦略国際問題研究所（CSIS）とスタンフォード大学が『中国のリベラルなサイレント・マジョリティ？（A Liberal Silent Majority in China? A Big Data China Event）』という報告書を発表しました。それによると、中国には「自由主義への憧れを持つ沈黙している大多数」が存在し、彼らは決して中国共産党のイデオロギーを支持しているわけではありません。特にエリート層は自由と民主主義、市場経済システムに憧れを持ち、収入と教育水準が高いほど、強烈な権威主義、全体主義と民族主義を支持しない傾向が強いという内容でした。当然ながら、このような「沈黙の大多数」の意見に賛成しない中国の人も多くいます。彼らが言うには、二十世紀以降の社会的動乱、特に人民共和国期の数回の政治運動を経て、ほとんどの中国人は私利私欲にしか関心を持たず、社会変動のために犠牲になりたくないというように変わりました。しかし、たとえ自分は社会変動の犠牲になりたくないという人々も、そして自分の存在価値を民族主義的行動でアピールする人々も、無条件に中国政府・中共政権に尽くすことはありません。私はこのような「沈黙の大多数」の存在を信じたいのです。

二〇二二年二月二十四日

王柯

民族主義は国民統合の最後の手段

王力雄　2022.2.25

伝統的メディアは時代遅れ、洗脳には役立たない

王柯学兄へ

今日では、中国当局はインターネット上の言論を制御することにかなり成功していると思います。かつての防御から攻撃に転じ、インターネットを国民、特に青年に対する洗脳の主なツールにしています。伝統的なメディアはすでに時代遅れで、歴史的にもイメージが悪いのです。特に居丈高な物言いをして説教する態度は、若者の反感を買っています。そのため、洗脳の機能を担うことができません。インターネットは今日の青年の主要な情報源であり、多元的で、平等で、自ら参加することもできます。様々な理由で、若者たちに好まれているのです。当局はこのために一千万人にも達する「水軍*」を作りました。このような、お金を受け取るためにネット上で活躍する「水軍」は、当局には「ネット評論家」と呼ばれますが、ネットユーザーからの蔑称は「五毛」、つまり、最初は当局の意思に沿うようなコメントをするの

＊水分を増やして勢いがあるようにすることから、お金を受け取ってネット上で特定の内容についてコメントを書く人。

で一本書けば当局から五〇銭（現在は大幅に値上げ）を受け取る人々と呼ばれています。このようにして、当局は一方でネット警察等の監視で異なる声をすべて消して、彼らがタブー視するものに触れないようにセルフメディアを規制し、他方では大量の「水軍」を動員して自分の望み通りのネット空間を作り上げました。

共産党イデオロギーに染められた若い世代「小粉紅」

中国の若い世代は、幼い頃からインターネットに馴染んでいるため、当局によって許された視点と意見しか存在しないネット環境の中で洗脳され、共産党のイデオロギーに染められていわゆる「小粉紅」（「ピンク色の青年」）になりました。「小粉紅」は、毛沢東時代の全体主義の環境でいわゆるプロレタリア革命思想に染められた「紅衛兵」のような「深紅青年」（濃紅青年）と異なり、現実生活の中では、自己中心主義者です。しかし政治的・歴史的知識が欠如しているため、愛国主義者だと自認して中国政府の「戦狼外交」を支持し、「祖国の尊厳を守る」と思い込んで、同じ「戦狼」方式で西側の価値観を攻撃します。そのため、彼らは往々にして「小戦狼」と呼ばれます。「水軍」と「小粉紅」の活動は、基本的に政府の指図に基づくもので、それによってネット上で時として過激な「民意のブーム」(「民意熱潮」)が現れてきます。厳しい管制が敷かれた中国のネット上の「民意」の多くは、本質的に当局によって操られたものに過ぎません。

洗脳から扇動へ

洗脳はいつも扇動と結びつけられます。当局は自ら生み出した敵を国民に突きつけ、その敵に対する憎しみによって国民に一致した対外陣営を形成させます。それによって、権力者は国家統治の失敗と人民の苦難を敵による破壊のせいにし、人民の不満をほかに逸らすことができ、人民には権力者が敵に対する闘争を指導したことを感謝すべきと教えます。これは古典的な統治術ですが、マスメディアやインターネットの時代にはそれが無限に拡大され、極致に達します。底辺の民衆を洗脳し、扇動するのは実に容易なことです。世界で最も理性的であると見られるドイツ国民さえ、ゲッベルスの宣伝扇動を受け入れて熱狂的にヒトラーに追随していました。ましてそれよりも強力な宣伝機械に七〇年以上も洗脳された中国の民衆は、いっそうそこから脱出できません。

社会的地位が低いほど政治・民族主義への関心が強い

中国には、社会的地位が低いほど政治と民族主義への関心が強いという現象について、次のような冗談話があります。

月給が八万元の人は寝る前に、来週の大会に使う発言原稿をもう少し書き直すかと考えます。

月給が四万元の人は寝る前に、一体何の原因でチームの収益が悪くなったのかと考えます。

月給が二万元の人は寝る前に、今度の出張で取引先との関係をよくしなければならないと考えます。

月給が一万元の人は寝る前に、明日はまた残業がある、今日はとても疲れたから、さっさと寝るかと考えます。

月給が五千元の人は寝る前に、ファーウェイはどうすればアップルに勝てるのかと考えます。

月給が三千元の人は寝る前に、プーチン大統領がＮＡＴＯに対して強硬な政策をとっているが、それは中国にとって有利だと考えます。

月給が一千元の人は寝る前に、アメリカはもうだめだ、そろそろ大統領を変えなければならないのではないかと考えます。

これは冗談話ですが、でも現実の世界で本当によく見られる風景です。一般の民間人による「台湾侵攻、打倒米国」というような発言は、ほとんどが町の居酒屋でしか聞こえません。中国の作家、劉震雲さんによれば、彼には建築現場で炊事をする親戚がいて、夜中に突然彼に電話をかけてきて、「今、寝る気になれるのか。サダム・フセインが今、絞首刑に処せられたというのに」と彼を叱責したといいます。

李克強首相の発表によると、中国では月収一千元以下の人が六億人もいます。そこから、中国には洗脳を通じて民族主義を植え付けられる分厚い土壌があるということがわかります。いま、北京で冬季オリンピックが開催されています。中国のソーシャルメディアには、二〇二二年の北京冬季オリンピックと二〇〇八年の北京夏季オリンピックを比較する動画が数多く存在します。それらは簡単に数十万人ないし百万人の閲覧とコメントを獲得します。その理由は、これらの動画が、過去に比べ今日の中国は飛躍的に強くなったのだから、高飛車に出ても構わない、という多くのネットユーザーの心理状態に合っているからです。たとえば、あるラップの動画では、二〇〇八年当時の

洗脳を通じて民族主義を植え付けられる分厚い土壌

中国を代表する優しい女の子のラッパーと、二〇二二年の中国を代表する傲慢な態度を全く隠さない男の子のラッパーが、次のようにデュエットで歌います。

二〇〇八年は「北京へようこそ」と言うが、二〇二二年は「来ても来なくても構わない。どうせ招聘していないさ」と言います。

二〇〇八年は「来てくださって光栄です」と言うが、二〇二二年は「来ることが出来たあんたこそ幸せだろう」と言います。

二〇〇八年は「よく出来なかったところがあればご指摘ください」と言うが、二〇二二年は「誰が指図するんだ?」と問い詰めます。

二〇〇八年は「皆さんにお詫びします。この件についてお許しください」と言うが、二〇二二年は「もし謝ってくれれば、この件について許してやる」と言います。

二〇〇八年は「ご飯はお口に合わないですか。すみません。すぐ作り直します」と言うが、二〇二二年は「なにを言っているんだ。口に合わない? イノシシが美味しさを知らないだけさ」と言います。

二〇〇八年は「是非来て一緒にプレーしましょう。私はルールを必ず守ります」と言うが、二〇二二年は「ルールは私が決めるものだ、そのルールがわからないなら出ていってもらう」と言います。

二〇〇八年は「ここは礼儀正しい国、遊びに来てくださいね」と言うが、二〇二二年は「もし私が決めた礼儀を守らないなら、すぐに拳で教えてやる」と言います。

経済発展がもたらした一般中国人の優越感

当局は後にこのような投稿を削除し始め、この動画も削除されました。おそらく、このようなものは国際社会に中国の悪い印象を与えてしまうと心配したためです。しかし、中国のネットユーザーにこのような対比をさせたのは、中国の長年の経済発展による生活水準の向上と社会の相対的な安定のためであり、それによって一般の中国人がある程度の優越感を持ち始めたのもたしかです。特に、アメリカのトランプ時代の振る舞いと大統領選挙における紛争、そして西側諸国がコロナウイルス感染拡大の前で露呈した無力さは、以前は中国人に人類社会の進歩の方向と見なされていた民主主義の社会制度を色あせさせました。それによって、中国社会における民主主義への情熱が下火になり、中国の一党独裁を認める方向に転換しました。このような「治世の犬になっても、乱世の人よりまし」という心理状態は、多くの乱世を経験した中国の文化伝統であり、おかしいものではありません。

本質は「社会からの排斥への反発」

一部の中国人の民族主義的行動はさらに攻撃的で、激しいものですが、その本質は「フーリガン」という現象を例に分析できます。自国のチームを支持するフーリガンたちが集結して、サッカーの試合の際にトラブルを起こし、相手のファンを暴力的に攻撃し、様々な器物を破壊しようとします。イギリス警察の研究によると、フーリガンがこのような行為に走る理由は、だいたい家庭関係の破綻、社会への不満などの心理的な要素と関係していると言います。例えば、最も重い圧力がかかるブルーカラーの若い男性は、社会や自分の立場に感じている無力感、失意や不満などの気持ちを、サッカーの試合を機に騒ぎを起こして発散させています。そのような心理は、実は社会から排斥されていることに対する反発です。中国では、フーリガンは厳禁されていますが、しかしフーリガンが自国の政府を支持しているものであれば逆に国によって奨励されるため、フーリガンは民族主義者を装って「愛国」のスローガンを叫んでいました。底辺の民衆が自然に民族主義を選んだ理由は、当局が認めた活動だという威光で、ストレスを安心して発散できるためでした。

激しい民族主義は戦争を引き起こす危険も

今日の中国における激しい民族主義の基盤は実に脆弱なものです。民族主義の真偽の判断は、単に烏合の衆の大合唱に参加しているのではなく、民族の必要のために個人の利益を犠牲にする気があるかどうかにかかっています。私は基本的に中国の民族主義者は前者が多く、本当に戦場に行って命を捧げなければならなくなったら、かなりの割合で脱走兵になると思っています。しかし、このような民族主義は、臆病なものでも危険であり、戦争を勝利に導く力にはならないが、戦争を引き起こす力にはなります。それが社会の主流の声になって、平和と理性の声を圧倒すれば、専制者はそれを真の民意と見なし、危険を冒して戦争を発動する恐れがあります。しかし、いったん戦争の道を歩み出してしまえば、後戻りする道はなくなります。だから、中国民族主義の本質を正しく認識することは、中国の権力者にとっても関連諸国の政策決定者にとっても非常に重要だと思います。

「改革開放」がイデオロギーだった時代

専制主義体制の社会には、複数の思想と理念が平和に共存できる空間がありません。唯一、権力を守るためのものしか許されないため、一つのイズムを社会すべてのイデオロギーにすることで、初めて社会をまとめることができます。毛沢東は数十年間共産主義を貫きましたが、文化大革命という苦難の時期を経て、共産主義を引き続き中国のイデオロギーにすることができなくなりました。そこで中国社会をまとめる手段として持ち出されたのは、「改革開放」というものでした。「イデオロギーの論争をやめて、経済発展の成否こそ道理である」という理念は、事実上一つのイズムになり、イデオロギーとしての役割を果たしました。

「改革開放」での社会統合はもはや不可能、民族主義しかない

一九七八年から始まった中国の改革開放が中国の経済力を高めたことは事実ですが、中国社会における経済格差もますます顕著になり、特にＷＴＯ加盟が許されて（二〇〇一年）からはそれが未曾有のレベルに達し、各階層間だけでなく異なる利益集団間の対立も発生しています。そのため、改革開放の継続で社会全体を統合することはもはや不可能です。共産主義のイデオロギーが国民に対する魅力を失ってから、国民を統合できるイデオロギーは民

中国の民族主義は「中華民族のコートを羽織った国家主義」

「人民」はばらばらの個人の集合体にすぎない

族主義しかありません。そのため、改革開放の旗を力強く振っていた鄧小平時代、江沢民時代、胡錦濤時代にも、簡単に乗り越えられない問題が生じたときには、民族主義を、民衆を煽り、操る手段にしていました。

民族主義がこのような機能を持っている理由は、第一に、人類は社会性のある動物として、アイデンティティーで群れを分けることを好む本性を持っていることです。日常生活の中でも、人々は住む地域の隔たり、都市と農村の差異によって差別し合い、スポーツの試合を見れば相手チームのファンとけんかをしています。人種や宗教が違えばより一層互いに疎外します。専制主義権力が意識的に人間のこうした本性を国家レベルに拡大すれば、それは国家主義になります。中国の民族主義は本質的に、中華民族のコートを羽織っている国家主義にすぎません。

今日の中国において、民族主義が民衆を操り、洗脳する有効な道具になったのは、「人民」というものが真に存在するのではなく、それは億万人の個人の集合体であるため、「人民に知恵がある」ということは一つの言説にすぎないからです。人民を構成する個人は一人一人が自分の知恵を持っていますが、それはそれぞれ異なる生活と仕事の範囲内に限られたもので、その範囲外に関する知恵はほとんど持っていません。耕作の知恵については、外交家は農民に及ばないに違いありませんが、農民に国際関係を語らせても、中国が日本や米国に取るべき政策を判断するための知恵があるはずがありません。ところが、専制主義権力は民族主義で民衆を煽って操るため、わざわざこうした問題を国民に突きつけてその態度を問います。しかし、民衆の情報源と判断の根拠は当局の宣伝と洗脳しかないため、当然ながら、当局の教えに従う以外の態度や反応はあり得ないのです。

要するに、今日においてますます強くなっている中国の民族主義のかなりの部分は、一党独裁の専制主義体制による厳しい言論統制の産物にすぎません。そのため、一党独裁の専制主義体制が存続する限り、このような民族主義を完全に排除することは基本的に不可能です。

二〇二二年二月二十五日

王力雄

中国の民族主義は一党独裁の言論統制の産物

8 戦狼外交——公然たる覇権主義

ロシアのウクライナ侵略と中国の外交　王柯　2022.2.26

ウクライナを冷笑する中国のネット言論

力雄学兄へ

ロシアはついにウクライナへの侵略を始めましたね。民族虐殺に遭っている人たちを守るためにウクライナの「非軍事化と非ナチス化」を目指すという明らかに嘘の口実で、国際社会の強い反対があるにもかかわらず、です。さいわいウクライナの人々は、国際世論の支持のもとで強く抵抗し、欧米諸国も感動して強力な支援を始めています。

しかし中国のネット空間に現れた言論を見れば、侵略を受けているウクライナに対する同情はほとんどなく、諷刺したり、あざ笑ったり、下品な言葉で侮辱する者ばかりでした。ウクライナ大統領ウォロディミル・ゼレンスキーを貶すものも氾濫しています。戦争が始まった時、中国政府のロシア寄りに偏った報道を信じて、「ウクライナの大統領は逃げた」、「自国の人民を捨てて逃げるとは、とんでもないやつだ」といった話ばかりでした。その後、ゼレンスキー大統領の勇敢な抵抗でロシア軍による侵攻が彼らの希望通りに行かなかったことを知ると、「自分の地位を守るために投降しないとんでもない卑劣な男」、「ウクライナ国民の命を犠牲にしているやつだ」と方向を変えて引き続き侮辱しています。

メディアは「ロシア支持」の論調

そして、それと対応するように、中国のネット空間は、ほぼロシアの侵略を支持する言論一色になっています。ロシアの侵略戦争を支持する募金のネット口座を設ける人もいれば、オランダ政府がウクライナに対する軍事援助を決めたことを理由に、オランダ製の粉ミルクのボイコットを呼びかける人も現れました。中国政府の意思だと思いますが、政府系をはじめとする中国の大きなメディアは、戦争についてほとんど取り上げず、あるいは「ロシアの自衛のための戦争」という論調で報道しています。たとえば、中国のオンラインサービスを提供する大手企業「網易《ワンイー》」（NetEase、ネットイース）はネット上で戦争について次のような世論調査を行いました。

（1）ロシアが自国利益を守ることを支持
（2）ロシアによる他の主権国への侵入を支持

（3）自分と関係ない

設問の書き方からもわかるように、この世論調査は明らかに侵略戦争を正当化する目的で行われました。二月二十七日まで、調査に応じた二万四五三四人の中、1を選んだのは五二・一四%、2を選んだのは一五・五四%、3を選んだのは三二・三二%でした。

ロシアよりもプーチン個人を支援する

しかしこのような人類社会の最低限の正義まで踏みにじる侵略戦争を支持する世論には、次のような特徴が見られます。まず、一人の中国人が公然と口にしたように、「ロシアよりもプーチンを支援する」ということです。

中国のネット上には、侵略戦争を始めたプーチンのことを、「素敵」、「豪傑」、「本当の男」、「世界が注目している唯一の男」、「プーチン大帝」、「狂瀾を既倒にめぐらす（荒れ狂う大きな波を、もと来た方向に押し戻す）」などと歯が浮くような媚びる言葉が氾濫しています。何人かのインターネットユーザーは、なんと噂を拾い集めて「プーチン語録」にまとめました。そのなかには反人類的な話も入っています。たとえば、「もしロシアが無くなれば、地球はもはや存在する必要が無い」、「西側との対立が解決できなければ、自分の手で人類文明を滅ぼしても意に介さない」、「領土問題の解決手段は交渉ではなく戦争しかない」、「真理はミサイルの射程圏内にのみ存在する」。これらの無頼漢風の暴言はほとんど出所が確認できませんが、中国のネット上でプーチンの「豪傑語録」として賛辞を博しています。

「今日のウクライナ、明日の台湾」

もう一つの特徴は、侵略戦争を歪んだ民族主義と結びつけて讃えていることです。中国のネット上には、台湾に対する武力侵攻とリンクさせて、いわゆる「今日のウクライナ、明日の台湾」というような論調の多くの動画がアップされました。一人のネットユーザーは台湾を名指して、「目を大きくして見ておけ、これこそあなたたちにとって唯一の、しかも二十四時間で終わる学習機会だ」、「現代の戦争とはこういうものだ。朝に出兵、昼に統一、午後にPCR検査実施、国民身分証を渡し、夜に中国中央テレビの「ニュース7時」を鑑賞し、翌朝には中国の国旗を掲揚して国歌を奏でる」などと興奮気味で脅迫しました。さらに、「侵略かどうか、正義かどうかには関心がない。ただ、ロシアが倒れたら中国が西側諸国の包囲圏に陥る。したがって、ロシアを支持するしかない」という人も多くいます。

侵略戦争賛美は洗脳ではなく迎合の結果？

これらの特徴から、私は、侵略戦争を賛美する中国の民間の言論は、中国政府による洗脳の結果というより、むしろ中国政府の態度を意識してそれに迎合しているものが多いと感じます。たとえば、プーチンを「本当の男」として褒めることは、明らかに、習近平が二〇一三年初の談話で、旧ソ連の崩壊を取り上げて、それを止める「本当の男は一人もいなかった」（「竟無一人是男兒」）と話したことから来たものです。ネット上には、「他人は何を言っても私には関係ない、国の立場が私の立場だ」と、争って独裁者と政府へ忠誠心を表明する人もたくさんいました。

政府は内心ではロシアによる侵略を支持

厳しい言論統制が敷かれた中国のネット空間においては、政府は誰の発言かをすぐに把握できます。これらの言論がインターネットを厳しく規制している中国政府によって削除されないということは、中国政府の世論誘導に合っているのだと察知します。言うまでもないことですが、口では「事態の深刻化を望まない」といいながら、「一国の安全保障が他国の安全保障を犠牲にして成り立ってはならない」、「ＮＡＴＯが東へ向かってこれまで五段階連続で拡大してきた状況で、ロシアの安全面での正当な訴えは重視され、適切に解決されるべき」と主張する中国政府は、内心ではロシアによる侵略を支持しています。これは多くの中国人もわかっているはずです。これからどうなるかわかりませんが、いまは西側諸国間で合意したロシアに対する経済制裁に反対し、ロシアの一部銀行を銀行間の国際送金・決済システムのSWIFT（国際銀行間通信協会）から排除することには参加しない態度を表明しています。

中国はウクライナに「主権と領土保全の尊重を約束」していた

実は、一九九四年十二月四日の「ウクライナに安全保障を提供する声明」、二〇〇一年七月二十一日に調印した中国・ウクライナ両国の「二十一世紀全面的友好協力関係の強化についてのコミュニケ」、二〇一三年十二月五日、中国の習近平と当時のウクライナ大統領ヴィクトル・ヤヌコーヴィチが調印した両国の「友好協力条約」と「戦略的パートナー関係のさらなる深化についてのコミュニケ」で、中国政府は数回に渡ってウクライナに「主権と領土保全の尊重を約束」していました。しかしここに来て、ロシアによる「侵略」という言葉を口にすることも避けています。

なぜ「核」威嚇を批判しないのか

裏切り行為と見られても仕方ないのは、中国政府がプーチンによる核兵器使用の威嚇に対して沈黙を続けていることです。軍事侵攻が思い通りに行かず、国際社会からの反発も予想以上に強かったため、プーチンが核の使用という威嚇を始めました。そこで、中国のネット上では、一九九四年にウクライナが冷戦時代に保有していた四五〇〇個近い核弾頭を廃棄したため、今日のような目にあったのだと、あざ笑う言論も現れました。実際は、ウクライナによる核兵器廃棄は、中国政府を含めたロシアなどの核保有国は、ウクライナに対して核兵器の使用や核兵器による威嚇をしないという約束を取り付けた上で行われたことです。

ウクライナに対する「核」安全保障の歴史

一九九四年十二月四日、中国政府は「ウクライナに安全保障を提供する声明」において「中国政府はウクライナが国土にあるすべての核兵器を廃棄する決定を歓迎し」、「中国はウクライナが国家の安全に対する約束を希望していることを理解し」、「核を保有しない国家と地域に対して核を使用しないまたは使用すると威嚇しないという原則は、無条件にウクライナにも適用し」、「すべての核兵器保有国家がウクライナに対して同様の保証をすべきであり、もってウクライナなどの核兵器を保有しない国家の安全を促進する」と約束しました。その後、この約束は数回繰り返されました。二〇〇一年七月、当時の国家主席江沢民はキエフを訪問した際、「中国側はウクライナの独立、主権と領土保全を承認尊重し、一九九四年にウクライナ側に約束した核安全の保証を再び強調する」（「中方承認並尊重烏克蘭的独立、主権与領土完整、重申一九九四年向烏提供的『核安全保証』」）と、わざわざ「核の安全保証」と「二十一世紀全面的友好協力関係の強化についてのコミュニケ」に記入しました。

習近平政権に入ってからもこの原則が強調されました。二〇一三年十二月五日、習近平と当時のウクライナ大統領ヴィクトル・ヤヌコーヴィチが調印した両国の「戦略的パートナー関係のさらなる深化についてのコミュニケ」のなかで、中国は「ウクライナが核兵器を使った侵略またはそのような脅迫を受けた場合、ウクライナに相応の安全保障を提供する」（「在烏克蘭遭到使用核武器的侵略或受到此種侵略威脅的情況下、向烏克蘭提供相応安全保証」）とも明言しています。しかしここに来て、中国政府はそのような約束がなかったかのような顔をしています。

中国政府による外交の本質とは

専制主義体制のもとに暮らしているため、権力におもねり、へつらう人が多くいることはおかしなことではありますが、なんとなく心情は理解できます。しかしここで問うべきことは、やはり中国政府による外交の本質だと私は思います。一言で言いますと、中国政府・中共政権はなぜここまで正義を顧みず、約束を守らないのか、世界中の人々から反感を買っていることも恐れないのか、まったく理解できないことです。

二〇二二年二月二十六日

王柯

覇権主義の表面化は必然だった

王力雄　2022.2.28

民族主義は最も容易なポピュリズムの手段

王柯学兄へ

強者がポピュリズムを利用して独裁を実現するときの最善の手段は民族主義で、それはこの手段が強者にとって最も容易であるからです。豊かで公正な社会を築くことによれば最も民衆の支持を得られますが、そのためには単なる芝居ではなく日常的な平凡な努力をしなければなりません。民衆は日常生活の良し悪しを最もよく知っていますから、それを完全に満足させることは容易いことではありません。しかし権力を一身に集めた独裁者は、一人一人の庶民のことを気にしていません。それはなかなかできないことであり、それよりも、すべての国民を駆使できる鞭を手に入れること、つまり民族の敵を作ることのほうがずっとやりやすいと彼らは知っているのです。そのような敵は現実には一人一人の日常生活からかけ離れたものですが、その存在を唱えて感情の共鳴を引き起こし、集団的アイデンティティーを創り出すことで、日常生活に対する不満を逸らすことができます。民族の敵を見いだすことによって、同時に民族の英雄を創り出すこともできます。昔はピョートル大帝で、今日ではプーチン大帝です。

独裁者は民主主義からも生み出される

独裁者はかならずしも専制主義体制においてのみ誕生するわけではありません。民主主義体制を利用して独裁者になることもありえます。ロシアは形式的には立憲民主主義体制であり、全国民による一般選挙があり、憲法が保証する民主的権利とメカニズムがあり、言論の自由などの人権も保障されていると言いますが、最終的には独裁者に国家権力を掌握させました。プーチンは総選挙でうそをつく必要もなく、毎回高い得票率で当選しています。たとえ今日の世論調査で支持率が下がったとしても、欧米の政治家よりなおかなり高いと言えます。高い得票率を得たため合法的に権力を握り、その上で権力を利用して民意を操作し、政治を弄してさらに権力を拡大し、最終的には実質的に独裁者の地位を手に入れました。同じ道を、昔のヒトラーも歩んでいました。

二〇年経っても豊かにならないプーチンのロシア

プーチン大統領は政権発足時、自分に二〇年を与えれば、強大になったロシアを国民に返すと唱えていました。しかし今、彼はすでに二〇年以上政権を握っていますが、ロシアは依然として二流三流国家のままです。プーチンは支持率を挽回し、特に都市部の住民と青年世代の支持をつなぎ留めるため、「民富」（国民を豊かにすること）ができないなら、「国強」（国が強国であること）を示さなければなりません。これがウクライナ侵略に走らせた原動力だと思います。しかし、今日のロシアのプーチン大統領が頼りにできるのは、ソ連が残した軍事力だけで、主に核兵器です。そこで、脅迫が効かないのを見ると、すぐ核の脅しを持ち出しました。このような脅しは、冷戦時代のソ連さえやったことがありませんでした。

独裁者に過ちを認めさせるのはほとんど不可能

独裁者が、政策が誤っても絶対撤回しない主な原因の一つは、いわゆるメンツです。メンツは民主主義の政治体制においてはあまり障害にならず、政治家はメンツを失う準備を常にしなければなりません。しかし、専制主義の政治体制では、これは越えられない高い壁です。独裁者にその過ちを認めさせるのは、十数億人の前でメンツを失うことであり、ほとんど不可能なことです。理由は、独裁者は永遠に正しくなければならず、改めなければならな

専制主義体制の路線変更は独裁者の交替によって初めて可能

いような過ちは本来存在しない、ということです。そのため、専制主義体制における路線修正は、基本的にその独裁者が変わったときに初めて可能になります。代わって登場する人物もまた独裁者になりますが、メンツを失ったのは彼ではなく前任者です。さらに、前任者を否定することは自分の正しさの証明にもなります。それと同時に、国際社会も路線が変わることへの期待を抱いているので、その路線修正に合わせて相応の調整を喜んで行います。そこで、双方が共に転換して、新たなバランスが創り出されます。

自分のために世界を葬ることさえ辞さない独裁者の論理

つい最近まで多くの人は、プーチン大統領は実際には開戦しないだろうと考えていました。しかし、独裁者に対しては正常な理性で推測することはできず、経済人の視点と理性で計算することもできないということが、事実をもって証明されました。いま多くの人は、ロシアも一緒に壊滅してしまうので、プーチン大統領が核兵器を使うはずがないと考えています。しかしロシアが壊滅するかどうかはプーチンの考えていることではなく、おそらく彼は、自分のメンツが潰されることは何よりも受け入れがたいと考えています。人をゆするつもりだったのに、逆に顔を殴られたら、恥ずかしくて怒って必死に放り出してしまうことは絶対にないという保証がどこにあるでしょうか。放り出すことは、当然政治の手法ではなく、国と国との関係においてもそうした要素は存在しません。しかし、独裁者にとっては非常に現実的なもので、自分のために世界を葬ることさえ惜しまないという独裁者の論理に合致しています。

中国政府はウクライナ侵攻を察知していたか

プーチン大統領がウクライナに侵攻することを中国政府が事前に知っていたかどうかはわかりませんが、実は、侵攻が始まる前、中国政府と政府系メディアの『環球時報』はロシアが近く侵攻するというアメリカ側の切迫した警告を「デマ」だと繰り返し、ウクライナにいる中国人留学生と華僑に避難勧告を出しませんでした。しかしプーチンは北京で習近平と会ってから戦争を起こしたので、世界はその関連性（?）を当然、合理的に連想します。ロシアが侵攻を始めた二月二十四日にもまた、中国大使館は自国民に向けて「パニックにならないで」と呼びかけ、車両で移動する際は目立つ位置に中国国旗を掲げるよう推奨しました。そのため、中国政府は、支援しているロシアがあっという間にウクライナを占領すると見ていたのではないかと推測されています。

ウクライナ侵攻は中国政府にとって「チャンス」

中国国内の各機関とメディアもこのように理解し、「五毛」・「水軍」と「小粉紅」たちによるプーチンへの喝采に道を開き、侵略戦争に反対する民間の言動を完全に封じました。そのため、世界中の人々がプーチンの侵略に反対して心を一つにするなかで、中国人だけが邪悪な共犯者になるという茶番劇を恥知らずにも演出してしまいました。中国政府は表面的には偏らないようにしようとしていますが、実際にはプーチンのウクライナ侵攻を自身に対するアメリカからの圧力を軽減する良いチャンスと考え、同時にこの戦争を中国の未来の台湾侵攻の予行演習と見なしています。したがって、国際社会から中国政府は共犯であると思われても仕方がないことです。

ネットの論調は「反戦」ではなく「いかに勝つか」

プーチン大統領の今回のウクライナ侵略が失敗すれば、台湾を本当に武力で占領できるかという中国の不安は高まるに違いありません。しかし、だからといってかならずしも安心できるというわけではありません。中国のネット上で議論されているのは、戦争を起こすべきではないというような論調ではなく、最大の兵力を動員して、抵抗する相手に息をつく暇も与えず、最短時間で相手を一気に破壊してしまおうということです。もしウクライナ侵略戦争に関して反省することがあるとすれば、それはロシアが様々なことで躊躇し、最初から兵力火力を集中してウクライナの兵力とライフラインを徹底的に麻痺させなかったことです。そのため、台湾に対して戦争を敢行するならば、台湾を何もかも残さず、要衝部に一撃で致命的な打撃を与えるべきだというような論調なのです。

独裁者を独善的にする二つの要素

独裁者は誤りを認めることができないため、専制主義体制国家の独裁者は独善的でなければならず、またそうならざるをえません。最終的な意思決定や変化はすべて一人にかかっているので、その一人が変わらない限り、国全体が変わらないと思います。独裁者の独りよがりは二つのことに由来します。一つは絶対的な権力がかならず権力者をわがままにしてしまうことです。もう一つは、高官からその腹心まで、政府部門から研究機関まで、すべて独裁者の好みに応じて情報と意見を提供し、独裁者の独りよがりを強化していることです。たとえ独裁者が過ちを犯しているのを見ても、「王様は裸だ」と敢えて言う人はいません。しかし、皇帝から賜物を得ようとする多くの臣下は、裸の皇帝に対して新しい服の華美さを破廉恥にも賛美し、何も言わないより一生懸命に迎合したほうがよいとみんなが考えるためです。

外交官自身も戦狼外交の有害さを知っている

たとえば、中国の外交官も当然「戦狼外交」が真の外交にはならないことを知っています。彼らの多くは欧米諸国で教育を受けたため、戦狼外交が国に有害であることを普通の市民よりもっと知っているはずです。しかし今や、彼らはすでに外交のためではなく、戦狼が好きな皇帝のために演技をしているだけです。専制主義体制の権力システムにおいては、権力集中のレベルが高ければ高いほど、独裁者が恣意的になります。しかしこうした独裁体制の慣性と民主社会の慣性が真っ向からぶつかる時、双方にとって緩衝を和らげる余裕があまりにも残されていません。

独裁者は誤りに固執し続ける

専制権力集団の内部には、対外的な民族主義の調整を要求する賢明な者もいるかもしれません。しかし、路線の違いや派閥の闘争があれば、かえって独裁者をさらに誤りに固執させます。固執しなければ誤りを認めることになり、誤りがあれば権力を失う可能性があるからです。しかし誤りに固執し続け、誤った政策を極端に推し進めることで、逆に擁護者を扇動し、地位を強固にするケースもよくあります。最終的には、待ち受ける末路はいくら哀れなものであっても、少なくとも目の前の権力を奪われる脅威はなくなります。

過度な民族主義を控えていた時代

鄧小平・江沢民・胡錦濤時代の中国の民族主義は今日ほど強くありませんでした。その理由の一つは、その頃は中国が先進国の支援に頼っている部分があり、そのため開放政策を維持しなければならず、過度な民族主義によって外部からの支援が遮断されることを恐れていたためです。そのため鄧小平は「韜光養晦《とうこうようかい》」の外交戦略を設定し、江沢民・胡錦濤時代の中国政府もそれに従って外交の主軸としていました。

中国政府の「韜光養晦」とは何か

しかし「韜光養晦」(韜晦)とは何か。中国最大の百科事典サイト「百度百科」では次のように説明しています。

「韜光養晦とは、行動と謀略では静を以て動を制し、柔を以て剛を制する。外部に対して姿勢を低くして、無能で不当な仕打ちを受けているように見せかけ、それによって人に自分に対する警戒心を放棄させること。このような『人を欺く』イメージに頼って外部からの圧力を減らし、相手の警戒心を緩める反面、自分はひそかに動き、積極的に『戦争の準備』をし、タイミングを狙って相手の意表を突いて勝ちを制する。多くの大事を成し遂げた者は、成果を上げる前に韜晦の歴史を持っている。本当の知者になれば、勝利は最終的に手に入る。」

「天安門虐殺」が起こっても接触政策を選んだ西側諸国

つまり、「韜光養晦」とは中国政府がこれまで公言してきた「覇権を主張しない」ということではなく、実際に成長してからはじめて覇権を主張するということでした。日本を含めて西側諸国はかつて中国の「韜晦」術に惑わされていましたが、残念ながら、実を言えば、それは中国の大きな市場に誘惑されていたのでした。まさにそのために、ずっと中国政府に反対せず、中共政権の不法さえ容認しました。その代表的な事例は、六・四事件に対する態度でした。あの天安門虐殺は専制主義政権の本性を暴露したにもかかわらず、西側諸国は経済制裁を短期間に終結させ、全体的には中国に対していわゆる接触政策を続けました。その中でも、日本は最も早く中国との関係を回復しました。その時、各国はすべて中国という大きな市場で利益を得ることを望んでいたのであり、自国民を虐殺した中共政権との関係回復を正当化するために見つけた口実は、中国の経済発展を推進した上ではじめて中国を民

日本は最も早く中国との関係を回復

主化に向かわせることができるという言い分でした。鄧小平はまさに西側諸国のこのような心情を察知し、天安門虐殺の後に「韜光養晦」の方針を打ち出しました。しかし、専制主義体制が経済の発展に従って民主化に向かうことはなく、逆により強大な専制主義体制になったことは歴史の発展によって証明されました。今日に至って、西側はようやく中国とのデカップリング（切り離し、分断）を考え始めました。ですが、考えてみてください。もし天安門事件の発生後にそう考え、そして一致した行動を取っていれば、中国を変えることはできなかったとしても、少なくとも今日のように中国が民主主義世界を脅かす力になることはあり得ませんでした。

中国政府が「韜晦」を捨てたのは必然

強大になるにつれて、中国はこれまでの韜晦術を捨て、米国と覇権を争い始め、より挑戦的になりました。これは新しい指導者の個性によるものでもありますが、ある意味で必然的なものとも考えられます。これまで国民をまとめる求心力は経済改革・対外開放の政策でした。しかし今日では、政治体制改革がないままの経済改革・対外開放はすでに頭打ちになっています。一緒にケーキを作ってともに食べるようなことはもはやできなくなり、利益が一部の人に集中し、新たな社会矛盾が日増しに強くなっています。改革開放が全体的な旗印として機能しなくなると、国民をまとめるための残された手段は民族主義しかなく、そうすると民族主義は必然的に政権の主要なアイデンティティーになります。

実はこれは鄧小平の韜晦術に背くものではありません。当初、鄧小平が考えていた「韜光養晦」は、ある程度まで精力を養い、それから韜晦を徹底的に捨てるための準備でした。韜晦を捨てたのは、習近平の個人の性格だけから来たものではなく、中国の民族主義の一貫した論理に合っています。誰が専制主義体制の中国の指導者になっても、そのうちかならずこの一歩を踏み出します。その違いは、いつ韜晦術を捨てるべきかという時機についての判断だけです。

パンデミックによって崩れたバランス

一方、「西側が没落し、東側が上昇する」(「東昇西降」)という自信を得た中国の指導者が、西側諸国との闘争を通じて民族主義に訴えて国民の支持を集め、それをもって西側にその力と支配の正当性を示すことも、ある程度は大勢の赴くところです。習近平とトランプが相次いで登場した時期は、中国が台頭し米国が損をしたと感じた時でした。二人の指導者はいずれも強い個性を持っており、争いでは絶対に譲りません。しかし、指導者のスタイルだけであれば、今日ほど対立を激化させることにならず、かならず何らかの出口を残しています。しかし、そのようなバランスはパンデミックによって崩され、そのなかで指導者の個性も大きな役割を果たすようになりました。

新型コロナのパンデミックは中国に責任

もともと新型コロナウイルスの病源は武漢から始まり、中国側の初期処理がタイムリーではなかったためにパンデミックを招いたという事実は明らかで、中国には避けられない責任があるのは間違いありません。もし中国政府が早期に直ちに責任を表明し、隠蔽した高級官僚の責任を追及し、予防・治療のミスに対して国際社会に謝罪すると同時に、疫病の発生源を科学的な問題として、国際組織と協力して透明性のある調査を行うなど適切に対処し、さらに物資の寄付などを通じて他国の感染拡大防止をできるだけ支援していれば、国際関係はこれほど悪化することはありませんでした。最終的に世界的な大流行になっても、世界各国によって主に自然災害として扱われます。しかし、中国指導者は絶対頭を下げずに闘争的姿勢を貫き、中国は国際社会に対してまったく罪悪感を覚えないだけではなく、米国こそ疫病の源であると他人に濡れ衣を着せようとしました。本来は外国との友好的な関係を築くことを担うべき外交官は「戦狼」になり、中国の制度が優れていると自慢し、人権を抑圧した上で実現した「清零」（ウイルスゼロ）によって、他の国の感染規模と比較して、他国の政府は無能だと繰り返して皮肉りました。このような行動は、コロナ禍の被害を受けた各国の民衆の怒りを買ったと同時に、各国政府にも恥をかかせたため、各国政府はいっそう中国を嫌悪し、中国を敵対勢力であり主な脅威として見るようになりました。

民主主義諸国と中国との決別は長期化する可能性

これは中国と民主主義諸国との決別、対立を招きました。民主主義社会は無数の部品で構成された大きな船のように、部品が互いに一致していない場合は、無秩序で方向が見出せない可能性がありますが、すべての部品が同じ方向に向かうべきと認識すれば、巨大な慣性が発生します。その速度も力も驚くほど大きく、進行方向をなかなか変えられません。今後、民主主義国家の中国に対する態度は、長期にわたってこのような慣性を維持する可能性があります。これは、第二次世界大戦中の米国の態度を思い出させます。最初から介入することはせず、真珠湾攻撃を受けた後、全力を戦争に投入しましたが、その力の強さは比べものになりません。民主主義陣営全体が中国を敵と見なしている間は、中国が直面する脅威は大きなものであり、そうすると専制主義体制の独裁政権は、間違いなくいっそう民族主義による支援を求めることに走ります。

専制権力による国民感情のコントロール

専制権力は国民の他国に対する態度を操ることに長けています。典型的な例は毛沢東時代に、ソ連を「お兄さん」から一夜にして人々が「ソ連修正主義」と叫ぶように変えたことです。五〇年前には、ニクソン大統領に北京を訪問してもらい、アメリカを長年宣伝してきた世界の「公敵」から、一夜にして中国国民の心の中の美しい国（「美国」）に変えました。専制主義体制下では民衆の感情も迅速に変化させることができ、方向転換も難しくありません。日本に対してもそうです。鄧小平は一九七八年に日本に赴き、日本との歴史的宿怨の解消に積極的で、そして謙虚に日本を中国現代化の手本としたため、中国社会に日本ブームを形成しました。日本の文化、ドラマ、ゲーム、各種の日本の電気製品が中国に押し寄せ、中国の民衆に愛されて、ひいては、青年たちの争って求めるファッションにもなりました。

民族主義は専制主義によって変化する

毛沢東の政策決定が中国国民の米国に対する態度を変え、鄧小平の訪日で中国国民が日本好きになったように、現在の中国の民族主義は、専制主義の権力層の変動に伴って、即座に変化しうると思います。例えば、政権がアメリカに対抗する姿勢を明らかにしているため、いまの中国のネット上で、アメリカを公式の国名である「美（しい）国」を使わず、わざわざ「醜国」と呼ぶことが流行しはじめました。もちろん、根本的な解決は専制主義体制自身を変えることです。そうでなければ、専制主義の権力層は、たとえ一時的に変わったとしても、必要があればふたたび火遊びを始めます。中日関係が、振り子のように、悪化したり好転したりを繰り返しているのもそのためです。

中国の反日感情の主因は「戦争の歴史」ではない

中国社会に反日感情があるかどうかは、歴史上を遡れば確かに戦争に淵源があります。しかし戦争は終わってすでに何十年も経っており、当事者たちはほとんど鬼籍に入り、日本もとっくに軍国主義国家ではなくなりました。そのため歴史は両国関係を左右する主な原因ではないはずです。この点は、中米関係と合わせて見ればいっそうはっきりします。アメリカは歴史的に中国に対して援助を提供し続け、特に中日戦争中には中国の側に立って、その貢献も非常に大きいものでした。しかし今日の中国では、反米感情は反日感情よりはるかに強いです。この事実から、両国関係における歴史の役割はそれほど大きくないことがわかります。今日の中国社会にある民族主義的感情は、主に権力の操作に由来すると思います。外部からの情報伝達ルートを徹底的に封鎖し、全体的な世論宣伝を展開し、洗脳効果を最大限に高め、一般人を巻き込んで大きな社会的流れを形成すること、これは専制主義体制にしかできないことです。

中日関係の未来は中国の指導者次第

そのため、中日関係が次にどのように展開するかは、指導者が変わるかどうかにかかっていると思います。もし指導者が変わるような事態が起こらなければ、中国の現在の状態は続くでしょう。現在、日本は中国の民族主義の標的の中で米国の次にランクされていますが、日本の地理的位置は中国に非常に近く、また憎しみを扇動できる戦争の歴史を持っています。そのため、中国の専制主義体制にとって必要であれば、いつでも日本を中国民族主義の主な標的に変えることができます。

政府が洗脳・誘導する対外感情

人はそれぞれ自分の暮らしにおいて知恵と才能を持っています。しかし分野の相違によって、その知恵と才能は社会一般に注目されません。ところが、多くの人は分野外の知識が限られているにもかかわらず、政府の洗脳と誘導により、本来全く知らない領域のことについても平気に口を出します。市井の人々が軍事専門家のようにロシアは疑いなく二十四時間以内にウクライナを占領すると言っているように、愚かさが重なると一種の世論が形成されます。私から見れば、これこそ今日の中国社会にある反日反米感情の本質です。

「正義」が勝つとは限らない

いまのところ、ウクライナでの戦争はいかなる結末を迎えるのかまだ確定できません。しかし、私は取り立てて楽観的ではありません。この世界で、いったい邪悪が正義に勝つのか、それとも正義が邪悪に勝つのか、短期的にも中期的にも楽観的な結論を出すのは難しいと思います。歴史上、邪悪が優位を占めた事例は少数ではありません。正義は戦争と人民の死傷を避けることを考慮しなければならないので、邪悪な脅迫の前に往々にして退却します。善良な人々がハイジャック犯を扱うときのように、世界を破壊する核の力を持つ独裁者がハイジャック・テロリストのように地球をハイジャックし、人類の滅亡を脅かすと、世界はハイジャック犯の要求する方向に飛行機を飛ばすしかありません。人類の安全を守るために反抗をしないことを選ぶと、その時は邪悪が優勢に立ちます。

最大の脅威は核を支配する独裁者

今日の世界の最大の脅威といえば、核のボタンを握る独裁者だと思います。核兵器の誕生の時から人類文明の破壊が懸念されており、冷戦が終わった後は、人々はテロリストが核兵器を手に入れることを懸念しましたが、テロリストによる災厄は局所的なものにすぎません。しかし今日の世界では、日本のすぐそばで三つの国の核兵器庫が独裁者に支配され、しかも各地域がつながって頼り合い、一つの陣営を結成しています。そのため、人類文明の破壊の危険はかつてないほど大きくなっていると感じられます。

二〇二二年二月二十八日

王力雄

Photo: John Martinez Pavliga, 2008
(CC BY 2.0)

9 少数民族差別——内に向けられた民族主義の刃

「中華民族」概念と少数民族差別

王柯　2022.3.3

力雄学兄へ

今日はチベットの新年です。奥様はチベットのラサでお母様のご看病中と伺いましたが、謹んで新年のお祝辞を申し上げます。

『阿Q正伝』的状況

中国政府の洗脳と誘導により、市井の人々は本来全く知らない領域のことについても平気に口を出し、そこで愚かな世論が形成されるというご指摘は、腑に落ちる話でした。魯迅先生の小説『阿Q正伝』を思い出します。貧しくて村の最下層である阿Qは、社会的に明らかに敗北者でありながらも、意味もわからぬまま様々な観念や流行に便乗して、それによっていつも都合良く自己満足を得られる（「永遠得意」）という「精神勝利法」を持っています。

二十世紀初頭に生まれた「中華民族」概念

今日の中国社会における民族主義は、若い人たちや、成功者の階層に属していない社会下層にとって、まさに自分の存在価値を示す最高の便乗材料になっています。ロシアによるウクライナ侵略開始後、多くの中国人は侵略者のロシアを支持しています。本来中国と直接関係しないことですが、彼らは、中国による台湾侵攻の前哨戦と考えている中国政府の態度を見て、ロシアのウクライナ侵略およびそれに対する支援を「中華民族の統一の大業」にすり替えました。しかし彼らがこの二十世紀初頭に初めて作られた「中華民族」の概念について、どのくらい理解しているか、本当に疑わしいかぎりです。その「中華民族」の論理で言えば、台湾の住民も「中華民族」であり、戦争が起こったときに命を失う人々も「中華民族」ではありませんか。つまり、中国による台湾侵攻は「中華民族」の統一というより、本質的に中共政権の支配領域拡大のためのものに過ぎません。

「中華民族」に内包される強い排他的民族主義

ご存じのように、「中華民族」という概念は、漢人の革命家によって、満洲人による清王朝を転覆させて、漢人による単一民族国家を作るために発明されたものです。そのため、「中華民族」とは最初から強い排他的民族主義思想を内包しています。魯迅先生が『阿Q正伝』のなかで辛辣に諷刺した、たとえ他人に見下されても自分は永遠に持ち続ける「中国の精神文明は世界一である」(「中国精神文明冠於全球」)という「精神勝利法」は、この漢族の排他的「中華民族」思想を支えてきました。言い換えれば、「中華民族」という意識は、その誕生の初期においては、他の「民族」に対する漢人の文化的優越感、文化的差別意識とそれに伴う敵対意識に他なりません。

国内の少数民族に対する差別

中華民国期に清王朝時代の領土を守るため、「五族共和」という段階を経て、「中華民族」は漢人だけではなく、全国民であるというように解釈が変えられました。しかし、この時代からの中華民族論は、むしろ構造的に漢人と少数民族との主従関係、上下関係をいっそう鮮明化し、少数民族を外部に排斥する対象から内部における差別の対象に変えただけで、「中華民族論」に内包されていた漢人の差別思想、排他的思想は本質的に変わっていません。そして、「中華民族のため」という名目の下で、「中華民族」の構成員とされた少数民族はいっそう民族的独自性の放棄が要求されました。

中国共産党も引き継いだ中華民族論

中国共産党は、日中戦争が始まった一九三七年頃から初めて「中華民族」ののれんを出しました。政権を樹立してからも、対外的には民族主義をますます強め、対内的にも少数民族に対する「同化」・「漢化」を強いてきました。しかし中共の「中華民族論」も、根底にあるのは漢族の文明が他の文明より優れているというショービニズム（chauvinism）の思想で、これによって中国総人口の九割以上を占める漢族の支持を得ています。自分こそ本当の中華民族だと洗脳された多くの漢族は、少数民族に対する偏見を捨てず、「中華民族」という「大義名分」を持ち出されると、是非も善悪も問わなくなります。

チベット・内モンゴルで行われていること

たった今、また悲しいニュースが伝わってきました。二月二十五日、わずか二十五歳のチベット人歌手ツェーワンノブ（才旺諾布）がチベット自治区ラサ市のポタラ宮の広場で焼身自殺をはかり、その後死亡が確認されました。二〇〇九年二月から現在まで、中国政府のチベット人に対する強硬な支配、宗教信仰に対する制限、同化政策などに抗議するため、少なくとも一五八名のチベット人が焼身自殺しました。中国政府は中華民族を大義名分にして、少数民族の伝統文化の放棄を要求し、民族自治を有名無実化しています。二〇二〇年八月には内モンゴル自治区において、政府は以前モンゴル語で行ってきたモンゴル人小学校の「語文」（読み書き）、「道徳と法治」（日本の「公民」に近い）の二科目、中学校の語文、道徳と法治、そして歴史の三科目の授業は、国家教育省が制定した教材を使用し「国家通用語」すなわち漢語で行うことを通達しました。明らかにその狙いはモンゴル人に自民族の言語、文学、道徳倫理と歴史を忘却させることで、各地で抗議活動が起こりました。しかし、最終的には多くのモンゴル人が拘束され、抗議活動は鎮圧されました。

少数民族の文化・歴史の「絶滅」を目論む

要するに、中国政府・中共政権はチベット人、モンゴル人、ウイグル人などの「少数民族」も「中華民族」の一員と言いますが、しかし事実としては、「中華民族論」で漢族への同化政策を強硬に推し進め、各少数民族集団の独自性を完全に無視し、その文化と歴史を絶滅させることを狙っています。その政策に反抗すれば、容赦なく弾圧します。この構造は、新疆ウイグル人問題において最も顕著に現れていると思います。

チベット問題についても新疆ウイグル人問題についても、力雄学兄はすでに深く研究されて、多くの著作があります（『天葬——チベットの運命』（天葬：西藏的命運、一九九八年）、『私の西域、君の東トルキスタン』（我的西域、你的東土、二〇〇七年））。ここ数年、チベット問題より、新疆ウイグル人問題（後にウイグル人と同じトルコ系イスラーム民族であるカザフ人も対象に）は、より国際社会に注目されるようになりました。その理由は、言うまでも無く、二〇一七年前後から、新疆における「再教育キャンプ」が摘発されたためでした。
これまで暴露されたウイグル人、カザフ人迫害の事実は主に以下でありま
す。

ウイグル人・カザフ人への迫害の実態

(1) ウイグル人とカザフ人一〇〇万人以上を強制拘束収容
(2) 文化同化を目的とする民族言語文化の制限
(3) 基本的な自由と日常生活に対する干渉、監視
(4) ウイグル人エリートの拘束
(5) 強制不妊手術の強要、臓器摘出の疑い

これらの指摘について、中国政府は強く否定しています。たとえば、ウイグル、カザフ人などイスラーム住民を一〇〇万人以上強制的に拘束し、洗脳と身体的・心理的傷害を加えていることは関係者によって暴露され、二〇一九年以降のウイグル人の強制拘束に関しても様々な情報が漏れていたにもかかわらず、中国政府はテロリズム防止のための教育と職能技術訓練にすぎないという一点張りでした。当然ながら、国際社会はそのような証言と証拠を確かめようもありません。しかし誰でもわかる道理ですが、ジェノサイドが

嘘だというなら、それを簡単に証明する最も有効な方法は、ウイグル社会を開放して、国際社会による公開調査を受け入れることではないでしょうか。国際社会によってジェノサイドだと強く非難されているにもかかわらず、国際社会による自由な公開の調査を全く許さないのはなぜでしょうか。むしろ、人々の疑いは、その中国政府の空々しい声によっていっそう深められました。

国際法で規定された「ジェノサイド」が横行

実は、漢字の表面上の意味と国際法とのギャップを利用して反論することも国際社会からの不信を深めています。「ジェノサイド（genocide）」は中国語の漢字で「集体屠殺」（集団殺害）と訳されていますので、中国政府はウイグル人に対する集団的殺害はどこにも起こっていないと主張します。しかし一九四八年の国連で採択された「集団抹殺犯罪の防止及び処罰に関する条約」（通称ジェノサイド条約）第二条で規定されたジェノサイドは、人を直接殺害することのみに限定するものではありません。それは、「国民的、民族的、人種的、宗教的な集団の全部または一部を破壊する意図をもって行われる次のような行為」です。

（1）集団構成員を殺すこと、（2）集団構成員に対して、重大な肉体的又は精神的な危害を加えること……、（3）集団に対して故意に、その全部又は一部に肉体の損壊をもたらすために意図された生活条件を課すること（……強制収容・移住・隔離などをその手段とした場合も含む）、（4）集団内における出生を妨害することを意図する措置を課すること……、（5）集団の児童を他の集団に強制的に移すこと。

ジェノサイドを否定するなら公開の調査に応じるべき

つまり、国際法上の「ジェノサイド」の認定において、最も重要視されているのは、人間を肉体的に消滅させるかどうかということではなく、ある特定の集団を対象に、その構成員を殺害することや重大な肉体的または精神的危害を加えることです。そのため、中国政府にとって、ウイグル人に対するジェノサイド論を払拭する方法は、第三者によるウイグル社会における公開された透明な調査を実施し、それによって中国政府のウイグル政策がそれに当たるかどうかを明らかにするしかないと私は思います。

なぜウイグル人が標的にされるのか

おそらく世界の人々も考えていることですが、五五あるとされている少数民族のなかで、中国政府はなぜウイグル人にだけこのような残酷な政策を取るのかということです。その答えは、ウイグル人による民族的抵抗が強い一方、他方では中国政府と漢民族の「中華民族」思想にも関係すると思います。事実上、それぞれ独自に長い歴史を持っている民族のなかで、トルコ系イスラーム民族であるウイグル人は、言語、文化、宗教、社会構造、政治的伝統、または人種など様々な面において、自分こそ「中華民族」であると考えている漢族から最も距離のある民族集団なのです。

ついでに言いますが、中国共産党による一党独裁の政治体制で、その指導部である「中国共産党中央委員会政治局」の二五人の政治局員のなかに、現在「少数民族」出身の者は一人もいません。そして、新疆ウイグル自治区、チベット自治区、内モンゴル自治区、寧夏回族自治区、チワン族自治区の最高責任者である自治区中国共産党委員会書記は、全員漢民族出身者です。

二〇二二年三月三日

王柯

民族対立の扇動は禍根を残す

王力雄　2022.3.6

新疆ウイグル自治区の強制収容所

王柯学兄へ

数十年来、中国の少数民族地域は一度も平穏になったことがなく、チベット地区では民衆の抗議活動が広がってチベット人の焼身自殺が何年も続いて発生し、新疆では現地民族による様々な抗議活動が長年続き、それに伴って各種の暴力とテロ事件も発生しており、モンゴル族においては、昨年までにモンゴル語による教育を守るために多くの人が抗議運動を起こしました。私が『セレモニー』を書いたのは、中国の民族問題が際立った時期でした。新疆ウイグル自治区の張春賢中国共産党書記は新疆における「テロ」の発生を効果的に阻止できなかったとされ、チベット自治区の陳全国中国共産党書記が新疆に異動させられていっそう厳しい弾圧政策を取り入れ、かつてチベットで行っていた「再教育センター」モデルを新疆に移し、さらに規模を拡充して、世界を驚かせた新疆の「強制収容所」を作りました。

表向きの平穏は「絶望」のあらわれ

陳全国が新疆に異動した後も、その厳しい弾圧政策は後継者によってチベットでも引き続き実行されました。今日に至って、厳しい弾圧の下で、各少数民族地域の抵抗運動は消滅したかのようであり、テロ事件も発生していません。しかし、目の前の平穏は表面的なものにすぎません。人々が請願したり、抗議したり、騒ぎを起こしたりするとすれば、それは彼らが心の中でなお問題の解決に希望を持っている証で、様々な方法を試し続けているのです。しかし人々が何も言わず何もせずにいるならば、それは心が穏やかになったためではなく、いかなる努力も役に立たないということを悟り、絶望しているためです。かつて鄧小平は「最も恐ろしいのは人民大衆の静寂である」と言いました。これはまさに至言です。残念なことに、彼の後継者たちはこれも理解していません。力に頼って一時的に抑止することができても、長期的にみればそれはかならずより大きな爆発を醸成することになります。

少数民族弾圧のために漢族の民族主義を利用

同時にまた、近年は中共政権の民族政策に新しい変化も見られます。それは、少数民族の自由と民主主義への憧れを潰す手段として、かつての武力弾圧という方法に、新たに漢族の民族主義を利用して漢族の民衆を動員して少数民族に対抗させるということが加えられて、二つになりました。漢族は中国で人口の九〇パーセント以上を占めています。漢族に対して民族主義によって洗脳と扇動を行うことで、現状から生じた彼らの不満のはけ口を作るだけではなく、同時にそのはけ口を少数民族、台湾と香港、民主的な国際社会に向けたため、政権にとって利用できるいわゆる「中華民族」の「民意」も形成します。

少数民族と漢族との分断が深まる

しかし、専制主義体制が漢族の民衆に対しても政治的抑圧を行う一方、他方では同時に漢族の民衆を扇動して少数民族に対して民族的抑圧を行うことは、非常に危険な火遊びです。各民族に一律に政治的抑圧を行うのであれば、その政治体制が変われば、政治的抑圧が解除され、各民族集団は団結して一緒に新しい社会を建設することができます。しかし、少数民族に対する抑圧が、専制政権だけではなく漢族からも来ているのであれば、政治体制の変化があっても社会の安定は容易には実現できません。少数民族は自然に漢族と分離し、民族の独立を実現してこそ、抑圧から完全に解放されると考えます。その時には、少数民族は民主的な中国を漢族と一緒に共同で建設しないだけでなく、政治的民主化の力で民族の独立を追求するでしょう。このような予測可能な傾向は、未来の中国における政治体制の民主化を阻む口実になります。少数民族の人口は中国の総人口の一〇パーセントにも満たない割合ですが、新疆、チベット（チベット自治区と青海、甘粛、四川、雲南の四省にあるチベット人地域を加えたチベット地域）、内モンゴルの三つの地域の面積は、中国の総領土面積の半分を超えています。漢族に領土の半分しか残さないとなると、民族問題が解決できないところか、領土の喪失と考える漢族の中にファシズムと大漢族主義思想を復活させる土壌を提供することになります。そうすると間違いなく、漢族と少数民族の間に大きな災難をもたらす衝突が度々発生し、そのサイクルが永遠に続くでしょう。

中国自身の帝国主義的歴史

当局の洗脳によってほとんどの漢民族は、十九世紀から二十世紀にかけて、中国は帝国主義による侵略の被害を受けてきたと考えていますが、しかし、十七世紀から十八世紀にかけて中国も帝国だったことと、チベットや新疆を含む広大な領土拡張を行っていたことを考える人は少ないです。中国が近代的主権国家に転換する時、帝国内の他の民族も同様に主権意識が目覚め始める過程にあり、当然ながら、世界の主権国家システムの中で相応の地位を勝ち取らなければならないと考えていました。

「五族」は民族だけでなく領土を指す概念

二十世紀初頭の清帝国を倒した革命は、それを最初に鼓吹したのは「駆除韃虜」（異民族を中国から追い出すこと）の大漢族主義でした。中華民国が清帝国の遺産のかなりの部分を引き継ぐにつれて、そのスローガンは「五族共和」、すなわち漢、満洲、蒙、回、藏の五族に変わりました。しかし、当時の中国国内の僮《どう》族（現在は壮族、チワン族）、彝族（イ族）、苗族などの民族の人口も決して少なくなかったにもかかわらず、なぜか「共和」の資格を与えられませんでした。このことから、いわゆる「五族」は民族だけでなく同時に領土を指す概念だったことがわかります。満は満洲人の東北地域、蒙はモンゴル地域、回はイスラーム民族が居住する新疆と西北地域、藏はチベット人のチベット地域です。しかしこれらの地域はまさに清帝国による拡張が残した遺産です。これは、近代中国の主権意識が領土意識に基づいて形成されたことを示しています。少数民族が居住する部分の領土を喪失すれば、国家も成り立たないという考え方です。

「民族主義」利用のジレンマ

しかし、内憂と外患で政権の維持も難しかった中華民国期に、上述の地域のうち、モンゴルの大半の面積は独立したモンゴル国になり、チベットは中国との宗藩関係を切り捨てて四〇年間にわたって実際に独立を維持し、新疆では東トルキスタン国家が二回も樹立されました。東北地域には満洲国が一四年間存続しました。中華という帝国は実質的に滅び、中国の内地部分も日本に占領されることを免れませんでした。つまり、その時の中国が領土を保全し、「救亡図存」（亡国から逃れて国の存続を図ること）するためには、外部からの帝国主義による侵略に対抗しつつ、中華帝国の内部における分裂を防ぐという二つの難題を同時に解決しなければなりませんでした。前者に対しては、民衆の動員にあたって民族主義は非常に重要な手段ですが、後者においては、当時の大漢族主義の民族主義はむしろ多くの不利な要素をもたらしました。帝国主義による外来の侵略に抵抗するためには漢族の民族主義を利用したいわけですが、それと同時に、いかにして漢族の中華帝国の治下に押さえられた他の民族による民族主義の形成を避けられるのか、まさにこのジレンマを解決するため、漢族以外の他の民族も含まれる「中華民族」の概念

「中華民族」概念は他民族の異質性を否定

が機運に乗って登場したのです。

このような「中華民族」の概念を作る目的は、帝国国内のすべての民族に、共に「中華民族」に属することを認めさせ、各民族自身の立場の追求を放棄させることでした。一つの「中華民族」に統合、統一すれば、その「中華民族」の民族主義は中国全体を一致動員して対外的に動かすことができるとともに、内部における民族対立と国家分裂に対する心配もなくなり、大部分の帝国の遺産も維持し続けられると考えられました。しかしこれはもちろん一方的な思いに過ぎず、「民族」は文化の蓄積と歴史の伝承に立脚するもので、人為的に製造できるわけがありません。中華民族の本質は実は漢族を中心にして形成された「大一統」（漠然とした大きな集合体）であり、他の民族の異質性を完全に否定しています。

自らを保護する権利・手段を奪われた少数民族

他の民族に「中華民族」を認めさせるために、当局はちょっとした恩恵を与える政策を使って少数民族を籠絡しましたが、漢人の間に不満と不利益を被ったという心理を引き起こし、法制のアンバランスも招きました。一方、当局はまた至る所で「非我族類、其心必異」（民族的に我々と異なれば、その人々の帰属意識は必ず異なる）と警戒し、少数民族を厳しくコントロールし、政治的に抑圧して、文化的には同化政策を貫いています。そのため、少数民族と漢族との対立が日増しに強くなり、お互いを遠ざけています。また、経済の面においては、中国政府は中華民族の一体化ばかり強調し、民族の違いを無視するため、少数民族には自らを保護する権利と手段がありません。中国の主たる民族としての漢族はいつも優位に立ち、他の民族は自然環境と資源の面において莫大な代価を払っても、得るべき利益を得られず、自分の故郷においても周辺化されつつあります。

「中華民族」の実態は漢族中心の人種主義

中国共産党が言う「中国人民」や「中華民族」は、実は漢族を中心とする人種主義にすぎません。その人種主義の核心的思想は「非我族類、其心必異」であり、漢族の伝統文化を基準に「異類」を探しているため、少数民族は必然的に異類と見られるようになります。こうした論理を国際社会に応用すれば、さらに多くの場面で「異類」を発見し、差別と排斥の対象もますます増えます。「香港の民主派は海外勢力に操られている」、「台湾の独立勢力は国家分裂主義者だ」、「欧米諸国は私たちを滅亡させることをずっと諦めていない」――このような存在は、中国にとって全部「異類」になります。しかし、中国だけが唯一無二で、天下の「独尊」であり、統一されていなければならず、分裂は絶対許されません。今日の中国共産党政権の支配の道具になっている民族主義は、国内では弱い民族を虐げる人種主義で、国際社会では世界の民主社会に対抗する国家主義です。注目すべきは、歴史上、人種主義と国家主義を同時に持っていたのはファシズム政権だけで、北京政権はまさにヒトラーの後塵を拝しています。このような民族主義に固執する中国は、結局のところ、中国国内では漢族以外の民族集団を遠ざけ、国際社会でも一人ぼっちになり、香港と台湾も必ず遠ざかるに違いありません。中国共産党は、民族主義によって漢人を自分の側に引き寄せていると同時に、少数民族を敵対側に押しやっています。そのような少数民族の敵対心は、中国共産党政権にだけでなく、漢民族に向けた敵対心にもなります。

「中華民族論」は破綻する

チベット、新疆地域の長期的な民族矛盾と対立は、中共政権が主張している中華民族論を現地の民族が認めていない証になります。当局はこれらの事件の処理に当たって、民族対立の性質を誇張し、漢族民衆の現地民族に対する敵愾心を奮い立たせて、その民族的憎しみを扇動する効果を得ましたが、少数民族も同じ中華民族であるという思想を自ら放棄していることになります。このような漢族を中心とする人種主義的民族主義は、確かに国内外の漢族を当局の側に立たせましたが、民族主義が血縁で区別する人種主義になれば、民族は血縁関係に基づく単位になり、いわゆる「中華民族論」も自然に破綻します。

根本的な矛盾は自由と専制との対立

しかし、専制主義体制の本性は結局、すべての権力を独裁者自身の手で握ることであり、その権力によって制御できない存在を許さず、権力の流失を許さないということを忘れてはいけません。専制のこのような本質は、内部と外部、漢族と少数民族にとっても同じです。専制権力は少数民族の異議と反抗を厳しく鎮圧しますが、漢族民衆の異議と反抗に対しても少しも手加減はしません。香港と台湾の住民は主に漢族ですが、香港市民が民主的権利を求めれば結局残酷な弾圧に遭い、台湾を統一すれば中国共産党の専制主義体制の下では台湾の民主主義はかならず絞め殺されます。国際社会においても、中国政府はかならず専制主義体制を敷く国家と同盟を結び、民主社会を敵としています。そのため、少数民族、香港、台湾の人々による中国専制主義の強権体制との様々な抗争が最終的に求めるのは、自由を得ることであり、両者の根本的な矛盾は民族、地域の統一か独立かをめぐる争いではなく、自由と専制との対立なのです。

王柯学兄も私も中国の民族問題に強い関心を持ち、中国の政治体制に変化が起こったときに、民族間の平和がいかにして保たれるかを考えていると思います。共産党の一党独裁による専制主義体制は、私たちの意見を恐れていますが、しかし各民族に独自の歴史と伝統文化があることを認め、互いに尊重しない限り、力による平和は長く続かないと思います。

二〇二二年三月六日

王力雄

結　び――「一党独裁ならば、至る所災いだらけ」

王力雄さんとの往復書簡はこれでひとまず終わりました。二〇二二年二月を中心に現実の中国の日々を追い、王力雄さんの『セレモニー』が出版されてからの中国社会を様々な側面から見てきました。是非や善悪の判断力がある人であれば、誰でもいまの中国社会は多くの問題を抱えていると感じますが、では、結局これほど多くの膿を生み出し続ける病原体はいったい何なのでしょうか。ここで、私は「**一党独裁ならば、至る所災いだらけ」という中国共産党が作った至言**に思いあたりました。

国民政府時代には共産党が「一党独裁」を批判

「一党独裁ならば、至る所災いだらけ」（「一党独裁、遍地是災」）とは、中国共産党発行の新聞『新華日報』の一九四六年三月三十日社説の表題で、一説では毛沢東が作ったとも言われます。当時は、中国各地で自然災害が起こり、農民たちがたいへん苦しんでいたようです。このことは各種の新聞で報道され、それを機に共産党も非難の波に加わり、当時の中華民国の首都重慶で自ら発行している新聞で「一党独裁、遍地是災」というセリフで、災害の根源になるのは与党国民党の事実上の一党独裁体制と「一党専制を維持する政策」であり、「一党独裁」を滅ぼさなければ問題の根本的な解決はあり得ないとずばり言ったため、その言葉は中国の歴史に残る名言至言となりました。しかしその一党独裁による専制主義体制を痛烈に批判する名言を発明した中共は、一九四九年に政権を樹立してから、中国共産党による一党独裁の専制主義体制を、一番の国是として堂々と『憲法』に入れました。

現代中国の「党国」・「党軍」体制

いまの中国で強調されているのは「党政軍民学、東西南北中、党は一切をリードする」（二〇二二年二月十三日、新華通信社の社説）という体制です。権力が単一の機関に集中することによる権力の濫用を防ぎ、権力の区別・分離と各権力相互間の抑制・均衡を図る三権分立は、国民の権利・自由の確保を保障する近代国家に不可欠な原理になっていますが、それが中国共産党による一党独裁の専制主義体制のもとで公式に否定されました。行政の首長が立法院であるはずの「全国人民代表大会」で所信表明演説をするのではなく、全国人民代表大会、政府である国務院、最高裁判所、最高検察院の責任者が、毎年共産党の総書記に一年間の仕事を報告すること（「叙職」）は現在慣例化しています。党が立法を指導しているため、『憲法』は共産党の指導のもとに制定され、共産党指導部の意思、つまり事実上党首の意思で容易に改定されます。党が司法を指導しているため、「法治」は事実上党の意思による統治となり、警察が「党の犬」と自認しているように、国家安全警察、検察、裁判所、弁護士も党の指導に従うことが決められています。党が行政を指導しているため、あらゆる地域と部門の最高責任者は行政首長ではなく党の書記です。大学などの研究機関もその例外ではなく、学長は党書記の部下です。党が軍隊を統括しているため、中国の軍隊は国家の軍隊ではなく党の軍隊であり、党以外の指揮を受け入れないと明確に定められ、ナチスの親衛隊と同じように党の利益を守ることを最高使命としています。

中国共産党による一党独裁の専制主義体制のもと、各地域各部門の幹部選任と昇進はすべて共産党の組織部によって決められています。つまり、幹部の仕事ぶりは共産党によって評価されるのです。「人民」の監督を受ける制度がないため、彼らは「人民」が国の主人だと言いながら、民衆の権利を無視し、恣意的に奪うことができます。中国の人々はいまなお、税金を払っている国民こそ主権者で、人民が政府を管理することこそ公理であるということを知らされず、政府が人民を管理すべきと信じ込んでいます。共産党の組織部によって選ばれているため、共産党の幹部たちは既得権益に基づく運命共同体になっています。彼らは様々な特権を持ち、退職後も同じ待遇を享受しています。すでに多くの人が「不平等」の典型として指摘していることですが、局長以上の幹部であれば、入院する際の病棟も使われる薬も特別なもので、しかも完全に無料です。そのような「特殊医療」を退職後も享受し続けます。多くの国民が長年にわたって呼びかけてきたにもかかわらず、中国共産党はいまなお幹部の財産公開制度の制定を拒否し続けています。

「権利」も「自由」も奪われた人民

権力をすべて握り、特権も享受するだけではなく、指導者と外交官僚の話からも察知できるように、中国の「人民」は中国共産党によって様々な場面で勝手に代表されています。一党独裁の専制主義体制のもとでは、そうする理由も当然あります。中国においては自由選挙も投票もなく、立法機関である人民代表大会の人民代表は、事実上全員が各地域各機関の共産党組織によって指名された者です。現在の第一三回全国人民代表大会代表（略称「人大代表」。偽選挙で選ばれるので皮肉を込めて「人民代表」とも）のなかで、公務員系列の幹部、軍人、警察、国有企業の管理者、地方政府の責任者が七一・四七パーセントも占め、共産党の身内です。そのような「人大代表」は国民の権利を守らないどころか、むしろ人民の権利を奪うことを自分の天職だと考えています。たとえば、今回の会議である「人大代表」は、ますます発達してきた配送業を利用し、配達員に監視カメラを携帯させて各地域社会の監視システムに加えることを提案しています。今年三月五日に全国人民代表大会会議が招集されました。大会に出席する「人大代表」たちは記者の質問に対し、自分は人民によって選ばれたと堂々と答えますが、得票数はどのくらいですかと質問されても誰も答えられず、慌てて記者から逃げ回っています。これは毎年の大会期間中の恒例の風景にもなっています。

中国共産党による一党独裁の専制主義体制のもと、国民の思想の自由と言論の自由は事実上完全に奪われました。その上、「媒体姓党」（メディアは党のもの）が政治原則になっています。何を報道するか、どのように報道するかは、すべて党の「宣伝部」によって決められ、共産党賛美による国民の洗脳、民族主義の扇動が仕事の中心と命じられ、『憲法』で書かれた報道の自由は事実上存在しません。かつて中国共産党が「一党独裁ならば、至る所災いだらけ」という至言名言を作った当時、国民政府は新聞内容のチェックはしていても新聞の発行は許していました。そのため、中国共産党の新聞も首都の重慶で発行されていました。しかしそのような風景はいまの中国においては全く想像できないことで、社会の膿を絞り出すジャーナリズムが存在しないため、幹部の怠惰と汚職がますます蔓延します。

まさにかつての中国共産党の新聞社説「一党独裁ならば、至る所災いだらけ」が指摘したように、一党独裁の専制主義体制がもたらした社会の歪は数えきれません。幸い、中国共産党は事前に今日を予想できたかのように、その一九四六年三月三十日の新聞社説において「円満解決」の方法も教えてくれました。それは、「民主の道を歩んでこそ、完璧に解決することができる」ということです。そう信じたいものです。

本書の出版にあたって、藤原書店の藤原良雄社長と優秀な編集者である刈屋琢さんに深く感謝いたします。往復書簡は藤原良雄先生のアイディアで、リアルな中国を日本の読者に伝え、ハイテク専制がますます深まる中国社会で起こっている様々な現象を通じて、その深層にある病巣を構造的に考えてもらうためです。刈屋琢氏は私の都合に合わせて、献身的に助言と助力をくださいました。王力雄さんによる返信の私の拙い日本語訳を、ひとつひとつ丁寧に正してくださったのは刈屋琢氏でした。ここにあらためてお礼を申し上げます。

二〇二二年五月六日

王柯

photo 茨仁唯色

王力雄（おう・りきゆう／Wang Lixiong）

一九五三年中国・長春市生まれ。作家、民族問題研究者。一九七八年、文革後最初の民主化運動「民主の壁」に参加、九四年には中国最初の環境NGO「自然之友」を創設。二〇〇二年当代漢語研究所より「当代漢語貢献賞」、同年独立中文ペンクラブより第一回「創作自由賞」、二〇〇三年ヒューマン・ライツ・ウォッチより「ヘルマン・ハメット賞（助成金）」、二〇〇九年チベットのための国際委員会より「真理の光賞」、等を受賞。著書に、「現状を予見したかのような恐るべき小説」と評され大反響を得た『セレモニー』（金谷譲訳、藤原書店、二〇一九）の他、『漂流』（一九八八）、『天葬――西藏的命運』（一九九八）、『溶解権力――逐層逓選制』（一九九八）、『與達賴喇嘛對話（ダライ・ラマとの対話）』（二〇〇二）、『逓進民主』（二〇〇六）、『権民一体論――逓進自組織社会』（二〇一六）『転世』（二〇二〇）など多数。邦訳された著作に『黄禍』（一九九一。邦訳集広舎、二〇一五）、『我的西域、你的東土』（二〇〇七。邦訳『私の西域、君の東トルキスタン』集広舎、二〇一一）など。『黄禍』は一九九九年『亜洲週刊』誌（香港）「二〇世紀に最も影響を与えた中国語小説一〇〇選」の四一位に選ばれた。

一九五六年生。東京大学大学院総合文化研究科博士課程修了。博士（学術）。神戸大学大学院国際文化学研究科教授を経て、二〇二一年同大学客員教授・名誉教授。歴史学。著書に『東トルキスタン共和国研究』（東京大学出版会、一九九五、第一八回サントリー学芸賞）、『民族与国家』（中国社会科学出版社、二〇〇一）、『多民族国家中国』（岩波新書、二〇〇五）、『二〇世紀中国の国家建設と「民族」』（東京大学出版会、二〇〇六）、『민족과국가（民族と国家）』（韓国東北アジア歴史財団、二〇〇七）、『辛亥革命と日本』（編著、藤原書店、二〇一一）、『近代日中関係の旋回──「民族国家」の軛を超えて』（藤原書店、二〇一五）、『消失的「國民」──近代中國的「民族」話語与少數民族的國家認同』（香港中文大學出版社、二〇一六）、『中國、從「天下」到民族國家（增訂版）』（台湾・政大出版社、二〇一七）、*The East Turkestan Independence Movement 1930-1940* (The Chinese University Press, Hongkong, 2018)、『亦師亦友亦敵──民族主義與近代中日關係』（香港中文大學出版社、二〇一九）など。

王柯（おう・か）

「ハイテク専制《せんせい》」国家《こっか》・中国《ちゅうごく》――内側《うちがわ》からの警告《けいこく》

2022年6月30日　初版第1刷発行©

著　者　王　力雄
　　　　王　柯

発行者　藤原良雄

発行所　株式会社　藤原書店

〒162-0041　東京都新宿区早稲田鶴巻町523
電　話　03（5272）0301
FAX　03（5272）0450
振　替　00160‐4‐17013
info@fujiwara-shoten.co.jp

印刷・製本　中央精版印刷

Printed in Japan
ISBN978-4-86578-348-3

ロシア研究の権威による最新作！

メドベージェフvsプーチン
（ロシアの近代化は可能か）
木村　汎

　ロシア研究の第一人者による最新のロシア論。メドベージェフが大統領時代に提唱した「近代化」路線を踏襲せざるをえないプーチン。メドベージェフとプーチンを切り離し、ロシアの今後の変貌を大胆に見通す労作。

A5上製　五二〇頁　**六五〇〇円**
（二〇一二年一二月刊）
◇978-4-89434-891-2

プーチンの実像を解明！

プーチン
（人間的考察）
木村　汎

　プーチンとは何者なのか？　一体何を欲しているのか？
　その出自や素姓、学歴や職歴、家族や友人、衣・食・住、財政状態、仕事のやり方や習慣、レジャーの過し方、趣味・嗜好、日常の会話や演説中で使うジョークや譬え話等々、可能な限り集めた資料やエピソードを再構成し、人間的側面から全体像を描き出す世界初の試み！

A5上製　六二四頁　**五五〇〇円**
（二〇一五年四月刊）
◇978-4-86578-023-9

プーチンはロシアをどう変えてきたか？

プーチン
（内政的考察）
木村　汎

　言論弾圧、経済疲弊、頭脳流出——混迷のロシアは何処に向かうのか。ロシア史上、稀に見る長期政権を継続中のプーチン。「強いロシアの再建」を掲げ、国内には苛酷な圧政を敷く一方、経済は低迷、内政の矛盾は頂点に達している。ロシア研究の碩学が沈みゆく大国〝プーチンのロシア〟の舞台裏を詳細かつ多角的に検証する。

A5上製　六二四頁　**五五〇〇円**
（二〇一六年一〇月刊）
◇978-4-86578-093-2

プーチンは世界をどう捉えているか？

プーチン
（外交的考察）
木村　汎

　ロシア・ゲート、シリア介入、クリミア併合——プーチンの狙いは何か？　内政の停滞をよそに、世界を相手に危険な外交攻勢を続ける〝プーチン・ロシア〟。我が国ロシア研究の泰斗が、膨大な資料と事例をもとに、その真意を読み解く。〈人間篇〉〈内政篇〉に続く三部作、遂に完結！

A5上製　六九六頁　**六五〇〇円**
（二〇一八年二月刊）
◇978-4-86578-163-2